Crazy PIZZA

Veronika Pichl

Crazy PIZZA

Veronika Pichl

Ausgefallene Rezeptideen:
Pizzakranz,
Pizza-Donuts,
Pizza-Popcorn
und mehr

riva

Inhalt

CRAZY PIZZA –

Lieblingsgerichte mal anders

Heiß, duftend, mit krossem Rand und aus leckerem Hefeteig frisch hergestellt – es gibt kaum jemanden, der bei einer echten italienischen Pizza nicht schwach wird. Genau deshalb ist der Ofenklassiker aus Italien bei Groß und Klein so beliebt.

Für eine richtig gute Pizza braucht es nicht viel: frischen Hefeteig, lecker gewürzte Tomatensoße, den Lieblingsbelag und saftigen Mozzarella. Sind diese Grundzutaten vorhanden, muss der Teig eigentlich nur noch auf dem Backblech ausgebreitet, nach Herzenslust belegt und in den Ofen geschoben werden.

Warum aber die Lieblingspizza nicht einmal in ganz neuer Form servieren? Ob als Pizzaschnecke, Pizzabällchen oder als dekorative Pizzasonne – mit leckerer Tomatensoße und Käse gefüllt und mit Salz, Pfeffer und Oregano gewürzt, macht die Lieblingspizza auch in ganz neuer Form Lust auf mehr. Übrigens: Als besonderes Highlight für jede Party lässt sich herzhafter Pizzageschmack ebenso als Torte oder in Form von Popcorn inszenieren.

Sowohl mit Pizzateig als auch mit den typischen Zutaten lassen sich viele tolle und ausgefallene Rezepte kreieren. Wie sich das altbekannte Lieblingsgericht ganz neu interpretieren lässt, erfährst du in den nachfolgenden »Crazy Pizza«-Rezepten.

GRUNDREZEPTE

Tomatensoße

FÜR 4–6 PORTIONEN

ZUTATEN:

½ kleine Zwiebel
1 Knoblauchzehe (optional)
1 EL Olivenöl
400 g geschälte/stückige Tomaten aus der Dose, z. B. San Marzano
2 TL getrockneter Oregano
½ TL getrocknete italienische Kräuter
Salz, Pfeffer

1. Zwiebel und Knoblauch abziehen und fein hacken.
2. Öl in einen Topf geben und Zwiebel und Knoblauch (sofern verwendet) darin 1 Minute andünsten.
3. Restliche Zutaten hinzufügen, 5–7 Minuten köcheln lassen und Soße mit Salz und Pfeffer abschmecken. Nach Belieben mit dem Stabmixer noch etwas feiner pürieren oder stückig belassen.

Tipp:

Anstatt der getrockneten Kräuter 1 kleine Handvoll frische Kräuter nach Belieben (z. B. Oregano, Basilikum, Majoran, Thymian etc.) waschen, trocken schütteln und fein hacken.

Diese Soße kann man auch mit frischen Tomaten kochen. Dazu Tomaten einritzen, mit kochendem Wasser übergießen und dann mit kaltem Wasser abschrecken. Haut abziehen und Fruchtfleisch in Stücke schneiden. Kochzeit der Tomatensoße verlängert sich bei frischen Tomaten um mindestens 10 Minuten

Pizzateig – Grundrezept mit 500 g Mehl

FÜR 3–4 TEIGPORTIONEN

ZUTATEN:

- 260–290 ml lauwarmes Wasser
- 21 g Frischhefe oder
  7 g Trockenhefe
- 500 g Weizenmehl Type 405
  oder Mehl Tipo 00
- 1 Prise Zucker (optional)
- 2 EL Olivenöl
- 2 TL Salz
- Mehl für die Arbeitsfläche

(Durchschnittswert für 1 Pizza mit Ø 27–30 cm und einem dünnen Boden mit leicht erhöhtem Rand liegt bei etwa 220–250 g Teig.)

1. 100 ml Wasser abnehmen und in eine Schüssel geben. Die Hefe hineinbröseln und gut verrühren.
2. Mehl und Zucker (sofern verwendet) in einer zweiten Schüssel vermischen.
3. Hefewasser und 160 ml Wasser hinzufügen und mit dem Handmixer (oder per Hand) gut durchkneten.
4. Olivenöl und Salz hinzufügen und alles zu einem glatten Teig verarbeiten (am besten 10–15 Minuten kneten). Evtl. noch etwas Wasser hinzufügen, falls der Teig noch zu trocken ist. Teig zu einer Kugel formen, in eine Schüssel legen und mit Frischhaltefolie oder einem feuchten Küchentuch abdecken. Ca. 1 Stunde an einem warmen Ort gehen lassen, bis sich das Volumen in etwa verdoppelt hat.
5. Danach Teig nach Belieben weiterverarbeiten.

Tipp:

500 g Weizenmehl Type 405 kannst du durch Dinkelmehl Type 630 oder eine Mischung aus 250 g Weizenmehl Type 405 und 250 g Weizenmehl Type 550 ersetzen.

Mit dem gleichen Rezept funktioniert auch ein Vollkornpizzateig. Statt Weizenmehl einfach Weizen- oder Dinkelvollkornmehl verwenden und die Wassermenge um ca. 30 ml erhöhen.

Besonders knusprig wird der Teig beim Backen, wenn man 50 g Mehl durch Hartweizengrieß ersetzt.

Pizzateig – Grundrezept mit 400 g Mehl

ZUTATEN:

- 220–250 ml lauwarmes Wasser
- 15 g Frischhefe oder 5 g Trockenhefe
- 400 g Weizenmehl Type 405 oder Mehl Tipo 00
- 1 Prise Zucker (optional)
- 2 EL Olivenöl
- 1 ½ TL Salz

Zubereitung siehe S. 10

Pizzateig – Grundrezept mit 300 g Mehl

ZUTATEN:

- 160–190 ml lauwarmes Wasser
- 12 g Frischhefe oder 4 g Trockenhefe
- 300 g Weizenmehl Type 405 oder Mehl Tipo 00
- 1 Prise Zucker (optional)
- 1 EL Olivenöl
- 1 TL Salz

Zubereitung siehe S. 10

Pizzateig – Grundrezept mit 200 g Mehl

ZUTATEN:

- 110–130 ml lauwarmes Wasser
- 9 g Frischhefe oder 3 g Trockenhefe
- 200 g Weizenmehl Type 405 oder Mehl Tipo 00
- 1 Prise Zucker (optional)
- 1 EL Olivenöl
- ½–1 TL Salz

Zubereitung siehe S. 10

AUS DEM OFEN

Schüttelpizza

FÜR 4–6 PORTIONEN

ZUTATEN:

- 1 rote Paprikaschote
- 120 g Zucchini
- 2 Kirschtomaten
- 2–3 frische Champignons oder 100 g Champignons aus der Dose
- 1 kleine Zwiebel
- 120 g Schinken
- 80 g Salami
- 250 g Mehl, z. B. Weizenmehl Type 405
- 200 g geriebener Mozzarella, Gouda oder Emmentaler oder eine Mischung davon
- 4 Eier
- 200–230 ml Milch
- 1 TL Pizzagewürz oder getrocknete italienische Kräuter
- 1 TL getrockneter Oregano
- 1 ½ TL Salz
- ½ TL Pfeffer

1. Backofen auf 180 °C Umluft vorheizen.
2. Paprika, Zucchini und Tomaten waschen, putzen und klein würfeln.
3. Frische Champignons putzen und klein schneiden. Champignons aus der Dose abtropfen lassen und zerkleinern.
4. Zwiebel abziehen und fein hacken.
5. Schinken und Salami würfeln.
6. Klein geschnittenes Gemüse und Wurst in eine große luftdicht verschließbare Schüssel füllen.
7. Mehl und Mozzarella hinzufügen.
8. Eier in einer Schüssel mit der Milch verquirlen und zusammen mit den restlichen Zutaten in die Schüssel geben.
9. Deckel schließen und Schüssel gut schütteln, sodass alle Zutaten gründlich vermengt sind.
10. Deckel wieder öffnen, evtl. mit einem Spatel noch mal kurz durchrühren. Teig auf ein mit Backpapier belegtes Backblech streichen (ca. 2 cm hoch, der Teig geht nicht mehr groß auf).
11. Blech in den Ofen schieben und Pizza in 20–25 Minuten goldbraun backen.

Fischstäbchen-Pizza

FÜR 1 RUNDE PIZZA MIT 30–32 CM Ø BZW. 1–2 PORTIONEN

ZUTATEN:

Teig:

Pizzateig – einfaches Grundrezept mit 200 g Mehl, siehe S. 11

Belag:

80 g frischer Blattspinat
120 g Mozzarella
100 g Tomatensoße, siehe S. 9
½ TL getrockneter Oregano oder 1 TL frisch gehackter Oregano
6 Fischstäbchen

Mehl für die Arbeitsfläche

1. Pizzateig zubereiten (siehe S. 10) und ca. 1 Stunde abgedeckt an einem warmen Ort gehen lassen.
2. Spinat verlesen und waschen. Dann in einem Topf mit kochendem Salzwasser 1 Minute blanchieren. In ein Sieb abgießen, mit kaltem Wasser abschrecken und gut abtropfen lassen bzw. Flüssigkeit mit der Hand ausdrücken.
3. Mozzarella gut abtropfen lassen.
4. Tomatensoße zubereiten.
5. Backofen auf 220 °C Ober-/Unterhitze vorheizen.
6. Pizzateig auf der bemehlten Arbeitsfläche rund formen oder ausrollen und Pizza auf ein mit Backpapier belegtes Blech legen.
7. Tomatensoße auf der Pizza verstreichen, dabei den Rand aussparen.
8. Mozzarella in Scheiben oder Streifen schneiden. ¾ des Mozzarella auf der Tomatensoße verteilen.
9. Spinat kleiner schneiden, in einer Schüssel mit Oregano vermischen und auf die Pizza geben. Den restlichen Mozzarella darüberlegen.
10. Blech in den Ofen schieben und Pizza in 12–15 Minuten knusprig backen.
11. 5 Minuten vor Ende der Backzeit Fischstäbchen nach Packungsanleitung in einer Pfanne oder Fritteuse braten.
12. Pizza aus dem Ofen nehmen und mit den Fischstäbchen belegen.

Tipp:

Den Blattspinat kann man auch ohne Blanchieren auf die Pizza geben. Dazu nach dem Waschen gut abtropfen lassen, klein schneiden und mit 1 EL Olivenöl und ½ TL getrocknetem Oregano vermischen.

Auch TK-Spinat eignet sich. Einfach auftauen lassen und Flüssigkeit gut ausdrücken.

Statt der Tomatensoße pürierte Tomaten aus der Dose mit 1 TL getrocknetem Oregano vermischen.

Pizzasonne

FÜR 3–4 PORTIONEN

ZUTATEN:

Teig:

200–220 ml lauwarmes Wasser
500 g Mehl, z. B. Weizenmehl Type 405
90 ml Öl, z. B. Olivenöl
2 TL Salz

Füllung:

1 rote Paprikaschote
1 Zwiebel
80 g Salami
120 g gekochter Schinken
100 g geriebener Käse, z. B. Emmentaler, Edamer oder Gouda oder eine Mischung davon
100 g Tomatenmark
2 TL Pizzagewürz, getrocknete italienische Kräuter oder getrockneter Oregano
Salz, Pfeffer

Bestreichen/Bestreuen:

1 Ei
nach Belieben: geriebener Käse, Sesamsamen, Schwarzkümmel, grobes Meersalz

1. Backofen auf 180 °C Ober-/Unterhitze vorheizen.
2. Alle Teigzutaten in eine Schüssel geben (dabei mit 200 ml Wasser beginnen) und mit dem Handmixer oder per Hand zu einem glatten Teig verkneten. Evtl. noch etwas Wasser hinzufügen, falls der Teig zu trocken ist.
3. Paprikaschote waschen, putzen und in sehr feine Stücke hacken.
4. Zwiebel abziehen und fein würfeln.
5. Salami und Schinken klein schneiden.
6. Alle Zutaten der Füllung in einer Schüssel vermischen und mit Salz und Pfeffer abschmecken.
7. Teig in 2 etwa gleich große Stücke teilen und jeweils zu Kugeln formen.
8. Für den Boden eine Kugel auf einem Backpapier kreisförmig ausrollen (ca. Ø 30 cm) und mit Papier auf ein Backblech legen.
9. Einen Teil der Füllung in die Mitte des Kreises geben. Eine Schüssel bereitstellen, die größenmäßig über die Füllung passt.
10. Dann mit etwas Abstand zur Mitte die restliche Füllung kreisförmig auftragen. Zum äußeren Rand einige Zentimeter Platz lassen.
11. Die zweite Teigkugel auf einem Backpapier zu einem Kreis von ca. Ø 35 cm ausrollen, dann Teigplatte vorsichtig über den Teigkreis mit der Füllung legen.
12. Über die Füllung in der Mitte des Teigkreises die Schüssel stülpen und den Teig rund um die Schüssel mit den Fingern vorsichtig festdrücken. Mit der Gabel rund um die Schüssel Löcher in den Teig stechen, damit die Luft entweichen kann.

13. Anschließend die äußeren Ränder mit einer Gabel zusammendrücken, überschüssigen Teig mit einem Messer oder Pizzaschneider entfernen.
14. Nun den Teig inklusive der äußeren Füllung mit einem scharfen Messer in etwa 2½–3 cm breite Streifen schneiden, von der Schüssel beginnend bis zur Außenkante.
15. Die Teigstreifen um ca. 90° drehen, sodass die Füllung nach oben zeigt.
16. Ei in einer kleinen Schüssel verquirlen und Pizzateig damit bestreichen.
17. Nach Belieben den Mittelteil der Sonne z. B. mit geriebenem Käse, Sesam, Schwarzkümmel oder grobem Salz bestreuen.
18. Sonne in den Ofen schieben und 45–50 Minuten backen.

Tipp:

Schmeckt auch lecker mit einer Kombination aus 80 g Salami, 80 g gekochtem Schinken und 3–4 frischen, in Stücke geschnittenen Champignons oder mit einer Mischung aus 200 g gehacktem TK-Spinat und 200 g zerböseltem Schafskäse.

Du kannst für die Pizzasonne auch einen Hefeteig mit wenig Hefe verwenden.

Pizza-Torte

FÜR 4–6 PORTIONEN

ZUTATEN:

Teig:

400–450 ml lauwarmes Wasser
42 g Frischhefe oder 14 g Trockenhefe
750 g Mehl, z. B. Weizenmehl Type 405 oder Mehl Tipo 00
10 g Zucker (optional)
3 EL Öl, z. B. Olivenöl
15 g Salz

Belag:

Tomatensoße, siehe S. 9
4–6 frische, mittelgroße Champignons
4 große Scheiben gekochter Schinken (ca. 200 g)
450–500 g geriebener Mozzarella
12–16 Scheiben Salami (ca. 80–100 g)

Bestreichen:

2 EL Butter

Mehl für die Arbeitsfläche
Tortenring Ø 24 cm, Höhe mindestens 10 cm oder runde höhere Backform
Öl für den Tortenring oder die Form

1. 100 ml des Wassers in eine Schüssel gießen, die Hefe hineinbröseln und gut verrühren.
2. Mehl und Zucker, sofern verwendet, in einer zweiten Schüssel vermischen.
3. Hefewasser und 300 ml Wasser hinzufügen und mit dem Handmixer oder mit der Hand gut durchkneten.
4. Öl und Salz zugeben und alles zu einem glatten Teig verkneten (10–15 Minuten). Evtl. noch etwas Wasser zugießen, falls der Teig zu trocken ist. Teig zu einer Kugel formen, in eine Schüssel legen und mit Frischhaltefolie oder einem feuchten Küchentuch abdecken. Ca. 1 Stunde an einem warmen Ort gehen lassen, bis sich das Volumen in etwa verdoppelt hat.
5. Dann Teig in 6 gleich große Kugeln teilen und abgedeckt mit Frischhaltefolie oder in einer Pizza-Teigbox weitere 30 Minuten gehen lassen.
6. Währenddessen die Tomatensoße (siehe S. 9) zubereiten.
7. Champignons putzen und in feine Scheiben schneiden. Schinken evtl. kleiner schneiden.
8. Backofen auf 200 °C Ober-/Unterhitze vorheizen.
9. Die Arbeitsfläche leicht bemehlen, 1 Teigkugel darauf dünn rund ausrollen. Tortenring auf 24 cm einstellen und damit einen Kreis aus dem Teig ausstechen. Überschüssigen Teig entfernen. Vorgang mit 3 weiteren Teigkugeln wiederholen. Teigplatten nacheinander auf ein mit Backpapier belegtes Backblech geben, mit einer Gabel ein paar Löcher einstechen, damit der Teig keine Blasen wirft, und im Ofen 5–7 Minuten vorbacken.

10. Ein weiteres Backblech mit Backpapier belegen. Die Innenseite des Tortenrings einfetten und Ring auf das Backblech setzen. Alternativ eine runde Backform einfetten bzw. den Boden mit Backpapier belegen.
11. Aus den restlichen 2 Teigkugeln die Seiten für die Pizzatorte bilden. Dazu beide rechteckig dünn ausrollen und mit mindestens 3–4 cm Überlappung jeweils am Boden nach innen und an der Oberseite überhängend nach außen über den Rand des Tortenrings einlegen.
12. Nun 1 ausgekühlten, gebackenen Pizzaboden in die Kuchenform legen, mit etwas Tomatensoße bestreichen, mit ca. 100 g Mozzarella bestreuen und mit der Hälfte der Schinkenstücke und Champignonscheiben belegen.
13. Den nächsten Pizzaboden daraufsetzen und vorsichtig andrücken. Wieder mit Tomatensoße bestreichen, mit ca. 100 g Mozzarella bestreuen und 6–8 Scheiben Salami darauflegen.
14. Danach erneut 1 Boden einlegen, Tomatensoße, ca. 100 g Mozzarella, den restlichen Schinken und die restlichen Champignons darauf verteilen.
15. Den letzten Boden aufsetzen und mit Tomatensoße bestreichen, dabei einen 2 cm breiten Rand frei lassen. Den über den Tortenring hängenden Teig nun vorsichtig aufrollen, nach innen auf den Teigrand ohne Tomatensoße klappen und leicht festdrücken.
16. Den restlichen Mozzarella auf die Tomatensoße streuen und mit Salami belegen.
17. Torte in den Backofen schieben und ca. 15 Minuten backen, bis der Teig leicht gebräunt ist.
18. Butter in einem Topf schmelzen. Torte aus dem Ofen holen, den Tortenring vorsichtig öffnen und den Teig der Pizzatorte mit Butter bestreichen. Weitere 5–7 Minuten ohne den Tortenring in den Ofen geben. Falls die Oberfläche zu dunkel wird, mit Alufolie abdecken.
19. Nach dem Backen die Pizzatorte etwas abkühlen lassen, mit einem scharfen Messer in Stücke schneiden und servieren.

Tipp:

Anstatt Tomatensoße kann man auch 1 Dose stückige Tomaten mit 2 TL Pizzagewürz oder getrocknetem Oregano vermischen. Mit Salz und Pfeffer würzen und evtl. mit dem Stabmixer noch etwas feiner pürieren.

Der Belag lässt sich beliebig variieren, zum Beispiel Tomatensoße, Mozzarella, Thunfisch und Zwiebeln oder Tomatensoße, Mozzarella, Salami und Salsiccia.

Pizza-Faltenbrot

FÜR 1 KASTENBROT (CA. 20 SCHEIBEN)

ZUTATEN:

Teig:

50 ml Wasser
100 ml Milch
21 g Frischhefe oder 7 g Trockenhefe
70 g Butter
1 TL Zucker
2 Eier
500 g Mehl, z. B. Weizenmehl Type 550 oder 405
1 ½ TL Salz

Tomatensoße:

½ kleine Zwiebel
1 Knoblauchzehe
1 TL Öl, z. B. Olivenöl
200 g stückige Tomaten aus der Dose
1 TL getrockneter Oregano oder 1 EL frisch gehackter Oregano
Salz, Pfeffer

Füllung:

20 Scheiben mittelgroße Salami (ca. 80–100 g)
5 kleine Scheiben gekochter Schinken (ca. 50 g)
120 g geriebener Mozzarella

Mehl für die Arbeitsfläche
Kastenform, Länge 28–30 cm
Öl und Mehl für die Form

1. Wasser und Milch in einem Topf lauwarm erwärmen. In eine Schüssel umfüllen, Hefe hineinbröseln und unter Rühren auflösen.
2. Butter auf niedriger Temperatur im Topf schmelzen und mit dem Zucker zum Hefegemisch geben.
3. Eier zufügen und alles gut verquirlen.
4. Mehl untermengen und Salz hinzufügen, dann mit dem Handmixer oder per Hand gut durchkneten, bis ein homogener Teig entsteht. Teig zu einer Kugel formen, in eine Schüssel legen und mit Frischhaltefolie oder einem feuchten Küchentuch abdecken. Mindestens 1 Stunde an einem warmen Ort gehen lassen.
5. Währenddessen die Tomatensoße zubereiten. Dazu Zwiebel und Knoblauch abziehen und fein würfeln.
6. Öl in einem Topf erhitzen und Zwiebel darin 2–3 Minuten andünsten. Knoblauch hinzufügen, kurz mitgaren, dann mit den Tomaten ablöschen.
7. Mit Oregano, Salz und Pfeffer würzen und Soße 5–7 Minuten köcheln lassen. Topf vom Herd nehmen und Soße abkühlen lassen. Nach Belieben mit dem Stabmixer feiner pürieren oder stückiger belassen.
8. Hefeteig noch einmal kurz durchkneten und auf der bemehlten Arbeitsfläche zu einem Rechteck (ca. 45 × 36 cm) ausrollen.
9. Teig mit Tomatensoße bestreichen, mit Salami und Schinken belegen und mit Mozzarella bestreuen.
10. Den Teig je nach Art der Kastenform (z. B. 10 cm Breite) in 20 etwa 9 × 9 cm große Stücke schneiden. Dazu die 45 cm lange Seite in 5 Reihen schneiden, die 36 cm lange Seite in 4 Reihen.

11. Eine Kastenform fetten, mit Mehl bestäuben und senkrecht aufstellen.
12. Ein Teigstück in die Form einlegen, die unbelegte Seite liegt unten. Dann die restlichen Teigstücke übereinander in die Form schichten, der belegte Teil zeigt immer nach oben. Das letzte Teigstück so einlegen, dass die unbelegte Seite zum Rand der Kastenform zeigt. Die Kastenform ist nicht komplett mit Teig ausgefüllt, da der Teig beim Backen noch aufgeht! Teig ruhen lassen, bis der Ofen vorgeheizt ist.
13. Backofen auf 180 °C Umluft vorheizen.
14. Kastenform in den Backofen schieben und Brot 30–35 Minuten backen.
15. Nach dem Backen ca. 15 Minuten abkühlen lassen, dann das Pizzabrot vorsichtig aus der Kastenform heben.

Pizza-Muffins

FÜR 12 STÜCK

ZUTATEN:

70 g gekochter Schinken (am Stück oder Scheiben)
50 g Salami (am Stück oder Scheiben)
100 g Käse am Stück, z. B. Emmentaler, Edamer oder Gouda
100 g Champignons aus der Dose oder 3–4 frische Champignons
2 Eier
300 ml Milch
4 EL Öl, z. B. Olivenöl
1 TL getrocknete italienische Kräuter oder 1 EL frisch gehackte Kräuter, z. B. Oregano, Rosmarin, Thymian etc.
1 TL getrockneter Oregano
Salz, Pfeffer
280 g Mehl, z. B. Weizenmehl Type 405
1 Päckchen Backpulver

Muffinform mit 12 Mulden
Muffin-Papierförmchen (nach Belieben) oder Öl und Mehl für die Form

1. Den Backofen auf 180 °C Umluft vorheizen.
2. Muffinblech mit Papierförmchen bestücken oder einfetten und mit Mehl bestäuben.
3. Schinken, Salami und Käse in kleine Würfel schneiden.
4. Champignons abseihen und klein schneiden. Frische Champignons säubern und klein schneiden.
5. Eier, Milch, Öl, Kräuter und Gewürze in einer Schüssel verquirlen.
6. Mehl in einer weiteren Schüssel mit Backpulver vermischen und zum Eiergemisch geben. Alles gut verrühren.
7. Die restlichen Zutaten unterheben und den Teig in die Mulden des Muffinblechs bzw. die Papierförmchen füllen.
8. Form in den Ofen schieben und Muffins 20–25 Minuten backen.

Tipp:

Mit warmer Tomatensoße zum Dippen servieren oder mit einem Salat genießen. Anstatt Schinken, Salami und Champignons kann man auch beliebige Variationen ausprobieren. Dazu einfach ca. 220 g dieser Zutaten durch Hähnchenfleisch, Tomate, Zwiebel, Basilikum ersetzen oder vegetarisch durch Gemüse wie Paprika, Zucchini, Tomate oder Champignons.

Taco-Pizza

FÜR 1 BLECH/4–6 PORTIONEN

ZUTATEN:

Teig:

Pizzateig – einfaches Grundrezept mit 500 g Mehl, siehe S. 6

Belag:

1 Zwiebel
1 Knoblauchzehe (optional)
1 rote Paprikaschote
2 EL Öl, z. B. Olivenöl
300 g Hackfleisch, z. B. vom Rind
120 ml passierte Tomaten aus der Dose
1 ½ TL Taco-Gewürzmischung
1 Dose Kidneybohnen (ca. 265 g Abtropfgewicht)
1 kleine Dose Mais (ca. 140 g Abtropfgewicht)
150 g geriebener Käse, z. B. Mozzarella oder eine Mischung aus jeweils 75 g Cheddar und Mozzarella
½ Kopf Eisbergsalat
150 g Kirschtomaten
½–1 Tüte Tortillachips (optional)

1. Pizzateig zubereiten (siehe S. 6) und ca. 1 Stunde abgedeckt an einem warmen Ort gehen lassen.
2. Backofen auf 220 °C Ober-/Unterhitze vorheizen.
3. Zwiebel und Knoblauch (sofern verwendet) abziehen und jeweils fein hacken.
4. Paprikaschote waschen, putzen und würfeln.
5. 1 EL Öl in einer Pfanne erhitzen, Zwiebel kurz darin anschwitzen, dann Hackfleisch zufügen und krümelig braten.
6. Knoblauch und Paprikawürfel zugeben und kurz mitdünsten. Mit passierten Tomaten ablöschen und Taco-Gewürz einrühren. Ca. 5 Minuten auf mittlerer Hitze köcheln lassen, dann Kidneybohnen und Mais untermischen und Herd ausstellen.
7. Teig auf einem mit Backpapier belegten Blech ausrollen und mit dem restlichen Öl bepinseln. Hackfleischmasse darauf verteilen, mit Käse bestreuen und im Ofen 20–25 Minuten backen. Dabei darauf achten, dass die Pizza nicht zu dunkel wird, evtl. die letzten 5 Minuten mit Alufolie belegen.
8. Währenddessen Eisbergsalat waschen, putzen und in Streifen schneiden.
9. Kirschtomaten waschen und würfeln.
10. Pizza nach dem Backen 3 Minuten abkühlen lassen, dann Salat und Tomaten darauf verteilen. Nach Belieben die Tortillachips hinzufügen bzw. zur Pizza reichen.

Tipp:

Eine Taco-Gewürzmischung kann man auch selbst herstellen. Dazu 2 TL Knoblauchpulver, 2 TL Zwiebelpulver, 1 TL edelsüßes Paprikapulver, 1 TL gemahlenen Kreuzkümmel und 1 TL getrockneten Oregano vermischen.

Zur Pizza schmeckt zum Beispiel scharfe Salsa oder saure Sahne.

Die Tortillachips erst kurz vor dem Verzehr auf die Pizza streuen, dann bleiben sie schön knusprig.

Pizzazopf

FÜR 2 STÜCK

ZUTATEN:

Teig:

Pizzateig – einfaches Grundrezept mit 500 g Mehl, siehe S. 10

Füllung:

200 ml Tomatensoße, siehe S. 9

4 eingelegte Peperoni

60 g Mini-Salami oder Salami in Scheiben

60 g gekochter Schinken in Scheiben

200 g geriebener Mozzarella

Bestreichen/Bestreuen:

2 Eigelb

2 EL Sesamsamen

Mehl für die Arbeitsfläche

1. Pizzateig zubereiten (siehe S. 10) und ca. 1 Stunde abgedeckt an einem warmen Ort gehen lassen.
2. Tomatensoße (siehe S. 9) zubereiten.
3. Peperoni in kleine Stücke schneiden und auf Küchenpapier abtropfen lassen. Salami und Schinken ebenfalls klein schneiden.
4. Backofen auf 170 °C Umluft vorheizen.
5. Pizzateig auf der bemehlten Arbeitsfläche zu einer dicken Rolle formen und in 6 gleich große Stücke teilen (am besten abwiegen).
6. 3 Pizzastücke jeweils zu einem Strang formen. Sie sollten in etwa gleich lang sein. Dann mit dem Nudelholz dünn und länglich ausrollen. Die Streifen nebeneinanderlegen.
7. Etwas Tomatensoße auf den Streifen verteilen, dabei rundherum ca. 1½ cm Rand frei lassen. Die Hälfte von Mozzarella, Schinken und Salami auf die Tomatensoße der 3 Streifen legen.
8. Die Teigaußenseiten über die Füllung klappen, sodass die Füllung ganz bedeckt ist, und Teig mit den Fingern festdrücken und verschließen.
9. Ein Backblech mit Backpapier belegen und die 3 befüllten Stränge mit der Nahtseite nach unten darauflegen und vorsichtig zu einem Zopf flechten. Die Enden jeweils gut zusammendrücken.
10. Mit dem restlichen Pizzateig und den Zutaten ebenso verfahren und einen zweiten Zopf flechten und diesen ebenfalls auf das Blech legen.
11. Eigelb in einer Tasse verquirlen und Zöpfe damit bestreichen. Dann mit Sesamsamen bestreuen.
12. Blech in den Ofen schieben und Zöpfe 30–35 Minuten backen.

Tipp:

Anstatt der Tomatensoße kann man auch 200 g stückige Tomaten aus der Dose mit 1 TL Pizzagewürz oder getrocknetem Oregano vermischen. Mit Salz und Pfeffer würzen und evtl. noch mit dem Stabmixer etwas feiner pürieren.

Als Füllung kannst du auch folgende Varianten ausprobieren: Tomatensoße, Mozzarella, Thunfisch und Zwiebeln oder Tomatensoße, Mozzarella, Salami und Salsiccia.

Auf **happyfitfood.de/crazy-pizza** zeige ich dir, wie man einen Zopf flicht.

Hotdog-Pizza

FÜR 3–4 PORTIONEN

ZUTATEN:

Teig:

Pizzateig – einfaches Grundrezept mit 300 g Mehl, siehe S. 11

Belag:

80 ml Tomatensoße, siehe S. 9
6 Wiener Würstchen
40 g geriebener Mozzarella
40 g geriebener Cheddar
2–3 Gewürzgurken
1 Ei
1 kleine Zwiebel
1 EL Butter
1 EL Hotdog-Senf bzw. mittelscharfer Senf (optional)

Mehl für die Arbeitsfläche

1. Pizzateig zubereiten (siehe S. 10) und ca. 1 Stunde abgedeckt an einem warmen Ort gehen lassen.
2. Tomatensoße (siehe S. 9) zubereiten. Backofen auf 180 °C Umluft vorheizen.
3. Pizzateig auf der bemehlten Arbeitsfläche zu einem Kreis mit ca. Ø 35 cm ausrollen und auf ein mit Backpapier belegtes Backblech geben. Den überlappenden Teig (Backblechbreite nur ca. 30 cm) einfach etwas über den Rand hängen lassen. 5 Wiener Würstchen im Kreis auf dem Pizzateig anordnen, dabei zum Rand hin ca. 3 cm Platz lassen. Den Teig zwischen den Wurstenden vom Teigrand bis zur Wurst mit einem scharfen Messer einschneiden. Teiglappen über die Würstchen legen, innen am Pizzaboden andrücken.
4. Jede Wurst im Teigmantel 3 Mal in gleichmäßigen Abständen einschneiden. Dazu am besten erst jede der 5 Wiener in der Mitte durchschneiden und die 2 entstandenen Hälften wiederum halbieren. Die einzelnen Stücke nun um 90 Grad drehen, sodass die aufgeschnittenen Seiten nach oben und unten zeigen.
5. Die Tomatensoße auf der Pizza verteilen, dabei die gedrehten Wurstteile aussparen. Dann geriebenen Käse auf die Tomatensoße streuen. Gewürzgurken und das restliche Würstchen in Scheiben schneiden und auf der Pizza verteilen.
6. Ei in einer Tasse verquirlen und den Pizzarand damit bestreichen. Blech in den Ofen schieben und Pizza 15–20 Minuten backen. Währenddessen die Zwiebel abziehen und klein würfeln. Butter in einer Pfanne schmelzen und die Zwiebel darin goldbraun rösten.
7. Pizza aus dem Ofen nehmen, Röstzwiebel darauf verteilen und falls verwendet mit Senf z. B. spiralförmig garnieren.

Tipp:

Statt der Tomatensoße passierte Tomaten aus der Dose mit ½ TL getrocknetem Oregano vermischen.

Ciabatta-Pizzabrot

FÜR 2–3 PORTIONEN

ZUTATEN:

- 70 g gekochter Schinken
- 30 g Salami
- 1–2 eingelegte Peperoni (optional)
- 2 frische Champignons oder 2–3 EL Champignons aus dem Glas
- 1 Ciabatta
- 70–100 g Tomatensoße, siehe S. 9
- ½ TL Pizzagewürz oder getrockneter Oregano
- 1 EL Butter
- 1 Knoblauchzehe
- 4–5 EL geriebener Mozzarella

1. Backofen auf 180 °C Umluft vorheizen.
2. Schinken, Salami und Peperoni klein schneiden.
3. Champignons putzen (oder abtropfen lassen) und erst in Scheiben, dann evtl. noch kleiner schneiden.
4. In das Ciabatta ein Rechteck einschneiden (von der Tiefe etwa bis zur Mitte, nicht durchschneiden!), dabei 2–3 cm Rand stehen lassen. Die ausgeschnittene Krume beiseitelegen.
5. Tomatensoße in die entstandene Mulde geben, dann Schinken, Salami, Champignons und Peperoni einschichten und mit Pizzagewürz bestreuen.
6. Butter in einem Topf schmelzen. Knoblauch schälen, hinzupressen und untermischen. Ciabatta-Rand mit der Knoblauchbutter bestreichen. Ausgeschnittene Brotkrume ebenfalls damit bestreichen.
7. Mozzarella über das gefüllte Ciabatta streuen.
8. Gefülltes Ciabatta und ausgeschnittene Brotkrume auf ein mit Backpapier belegtes Backblech geben und 10–12 Minuten im Ofen backen.

Tipp:

Die gebackene Brotkrume kann man zum Beispiel in Stücke geschnitten zu einem Salat essen oder zu Croûtons verarbeiten.

Die Füllung lässt sich mit Gemüse nach Wahl beliebig variieren: rote Zwiebeln, Paprika, Oliven, Jalapeños etc.

Statt der Tomatensoße einfach gehackte Tomaten aus der Dose mit ½ TL getrocknetem Oregano vermischen.

Pizzakuchen

FÜR 4 PORTIONEN

ZUTATEN:

1 rote Paprikaschote
100 g frische Champignons oder 1 kleine Dose Champignons (140 g Abtropfgewicht)
80 g Salami
80 g gekochter Schinken
250 ml Milch
190 g Mehl, z. B. Weizenmehl Type 405
3 Eier
1 ½ TL italienische Kräuter
1 TL Salz
½ TL Pfeffer
100 g geriebener Mozzarella
100 g geriebener Gouda
50 g geriebener Parmesan

Springform 26 cm Ø
Öl für die Form

1. Backofen auf 180 °C Ober-/Unterhitze vorheizen.
2. Den Boden der Springform mit Backpapier belegen und den Rand einfetten.
3. Paprikaschote waschen, putzen und würfeln.
4. Champignons putzen (oder abtropfen lassen) und in Scheiben schneiden, evtl. noch etwas kleiner schneiden.
5. Salami und Schinken würfeln.
6. Milch, Mehl und Eier in einer Schüssel verrühren, anschließend Kräuter, Salz und Pfeffer dazugeben.
7. Die restlichen Zutaten gründlich untermischen. Teig in die Form füllen und glatt streichen.
8. Pizzakuchen in den Ofen schieben und 35–40 Minuten backen, bis er schön gebräunt ist.
9. Herausnehmen, etwas auskühlen lassen, mit einem scharfen Messer Teig vom Rand lösen und Kuchen aus der Form heben.

Tipp:

Nach Belieben als Varianten für die Füllung Artischockenherzen, Oliven, Sardellen oder Kapern ausprobieren.

FINGER-FOOD

Pizza-Lollies – Pizza am Stiel

FÜR 15–20 STÜCK

ZUTATEN:

Teig:

Pizzateig – einfaches Grundrezept mit 200 g Mehl, siehe S. 11

Füllung:

2–3 EL Tomatensoße, siehe S. 9, oder Tomatenmark

40–50 g geriebener Mozzarella

60 g Salami in Scheiben

Bestreichen:

1 EL Butter

Mehl für die Arbeitsfläche

Cakepop-Spieße

1. Pizzateig zubereiten (siehe S. 10) und ca. 1 Stunde abgedeckt an einem warmen Ort gehen lassen.
2. Tomatensoße (siehe S. 9) zubereiten.
3. Backofen auf 220 °C Ober-/Unterhitze vorheizen.
4. Pizzateig auf der bemehlten Arbeitsfläche in der Größe eines Backblechs dünn ausrollen.
5. Dann dünn mit Tomatensoße bestreichen, dabei an einer langen Seite einen Rand von ca. 1 ½ cm frei lassen. Mozzarella und Salami auf der Tomatensoße verteilen.
6. Damit das Aufrollen leichter geht, den Teig mittig (lange Seite) halbieren. Jede Teighälfte nun von der Seite mit Belag aus vorsichtig eng aufrollen und den Rand (ohne Belag) gut andrücken.
7. Die Rollen jeweils mit einem scharfen Messer in 2 cm breite Scheiben schneiden und diese auf einem mit Backpapier ausgelegten Backblech verteilen.
8. Butter in einem Topf schmelzen und Schnecken damit bestreichen.
9. Blech in den Ofen schieben und Schnecken 12–15 Minuten backen. Dann herausnehmen und abkühlen lassen.
10. Nach dem Abkühlen Cakepop-Spieße vorsichtig in jede Rolle stecken. Leichter funktioniert das, wenn man mit Schaschlikspießen aus Holz oder Metall das Loch vorsticht.

Tipp:

Als Partyfood zum Beispiel in ein hohes Glas stecken.

Die Füllung kannst du nach Belieben anpassen, nur sollten die Zutaten nicht zu feucht sein, also zum Beispiel keine Kirschtomaten. Lecker schmeckt Tomatensoße und Schinken oder Frischkäse und Katenschinken- bzw. Paprikawürfel.

Pizzabällchen

FÜR 25–30 STÜCK

ZUTATEN:

- 50 g Salami
- 120 g Schinken
- 80 g Edamer oder Emmentaler
- 250 g Magerquark
- 120–140 ml Milch
- 60 ml Öl
- 1 ½ TL Salz
- 300 g Mehl, z. B. Dinkelmehl
- 1 Päckchen Backpulver
- 2 TL Pizzagewürz oder getrockneter Oregano bzw. italienische Kräuter
- 1 Prise Pfeffer
- 40 g Röstzwiebeln (optional)
- 120 g geriebener Mozzarella

1. Backofen auf 180 °C Umluft vorheizen.
2. Salami, Schinken und Käse klein würfeln.
3. Magerquark, 120 ml Milch, Öl und Salz in einer Schüssel verrühren.
4. Mehl und Backpulver hinzufügen und vermengen.
5. Restliche Zutaten hinzufügen und Teig mit den Händen durchkneten. Es entsteht eine eher feste Masse. Evtl. noch etwas Milch zugeben, falls der Teig zu trocken ist.
6. Aus dem Teig 25–30 Bällchen formen und diese auf 2 mit Backpapier ausgelegte Bleche legen.
7. Bleche in den Ofen schieben und Bällchen in 20–25 Minuten goldbraun backen.

Tipp:

Die Wurst kann man durch rote und gelbe Paprikawürfel ersetzen. Auch lecker: 2–3 EL frisch gehackte Kräuter in den Teig mischen.

Pizza-Brezen – mit Mozzarella gefüllt

FÜR 3 STÜCK

ZUTATEN:

Teig:

200–220 ml lauwarmes Wasser
9 g Frischhefe oder
3 g Trockenhefe
340 g Mehl, z. B. Weizenmehl Type 405
2 EL Olivenöl
1 TL Salz

Füllung/Belag:

3–4 EL Tomatenmark
1 ½ TL getrockneter Oregano
120 g plus 6 EL geriebener Mozzarella
1 EL Butter
15 kleine Scheiben Salami

Mehl für die Arbeitsfläche

1. 100 ml Wasser in eine Schüssel gießen, Hefe hineinbröseln und gut verrühren.
2. Mehl und weitere 100 ml Wasser hinzufügen und alles gut mit dem Handmixer oder mit der Hand durchkneten.
3. Olivenöl und Salz zugeben und alles zu einem glatten Teig verkneten. Evtl. noch etwas Wasser zugießen, falls der Teig zu trocken ist. Teig zu einer Kugel formen, in eine Schüssel legen und mit Frischhaltefolie oder einem feuchten Küchentuch abdecken. Ca. 1 Stunde an einem warmen Ort gehen lassen.
4. Backofen auf 220 °C Ober-/Unterhitze vorheizen.
5. Hefeteig auf einer bemehlten Arbeitsfläche zu einem Rechteck (ca. 21 × 40 cm) ausrollen.
6. Den Teig mit dem Pizzaroller oder einem scharfen Messer der Länge nach in 3 Streifen mit einer Breite von 7 cm schneiden.
7. 1 Streifen noch etwas länger ziehen oder rollen, dann dünn mittig mit Tomatenmark bestreichen (etwa 1 cm Rand rundherum frei lassen). ½ TL Oregano auf das Tomatenmark streuen. Dann 40 g Mozzarella daraufgeben. Von der langen Seite aus vorsichtig eng aufrollen. Das Teigende gut andrücken, damit keine Füllung entweicht. Strang zu einer Breze formen und auf ein mit Backpapier belegtes Backblech geben.
8. Mit den restlichen 2 Teigstreifen und den Zutaten ebenso verfahren.
9. Butter in einem Topf schmelzen und die Brezen damit bestreichen.
10. Jede Breze mit 5 Salamischeiben belegen und mit 2 EL Mozzarella bestreuen.
11. Blech in den Ofen schieben und Brezen in 12–17 Minuten goldbraun backen.

Pizza-Cups

FÜR 12 STÜCK

ZUTATEN:

Teig:

Pizzateig – einfaches Grundrezept mit 200 g Mehl, siehe S. 11

Füllung:

1 Zwiebel
1 EL Öl, z. B. Olivenöl
250 g Hackfleisch, z. B. vom Rind
200 g stückige Tomaten aus der Dose
1 TL getrockneter Oregano oder getrocknete italienische Kräuter
Salz, Pfeffer
50 g geriebener Mozzarella

Muffinform mit 12 Mulden
Muffin-Papierförmchen (nach Belieben)
Öl und Mehl für die Form
Mehl für die Arbeitsfläche

1. Pizzateig zubereiten (siehe S. 10) und ca. 1 Stunde abgedeckt an einem warmen Ort gehen lassen.
2. Währenddessen die Füllung zubereiten. Dazu die Zwiebel abziehen und würfeln.
3. Öl in einer Pfanne erhitzen und erst die Zwiebel 1 Minute darin andünsten, dann das Hackfleisch hinzufügen und krümelig braten.
4. Tomaten, Oregano, Salz, Pfeffer zufügen und alles bei mittlerer Temperatur ca. 5 Minuten köcheln lassen. Dann Pfanne vom Herd nehmen und Mischung 5 Minuten abkühlen lassen.
5. Backofen auf 220 °C Ober-/Unterhitze vorheizen.
6. Muffinform mit Papierförmchen bestücken oder gut einfetten und mit Mehl bestäuben (in den Mulden und auch dazwischen, da der Teig überlappt).
7. Teig nun auf der bemehlten Arbeitsfläche zu einem 36 × 27 cm großen Rechteck dünn ausrollen und in 12 gleich große Stücke (9 × 9 cm) schneiden. Quadrate in die Mulden der Muffinform setzen, sodass die Spitzen herausragen.
8. Hackfleischmasse einfüllen und jeweils mit Mozzarella bestreuen.
9. Form in den Ofen schieben und Muffins 10–12 Minuten backen.

Tipp:

Füllung nach Belieben variieren, zum BeispielTomatensoße, Schinken, Champignons und Mozzarella oder Tomatensoße, Paprika, Zucchini und Mozzarella.

Pizza-Twists

FÜR CA. 20 STÜCK

ZUTATEN:

Teig:

250 g Weizenmehl Type 405 oder Dinkelmehl Type 630
2 EL Olivenöl
1 TL Salz
130–160 ml Wasser

Belag:

50 g Salami oder Schinken
3–4 EL Tomatenmark
Salz, Pfeffer
1 TL getrocknete italienische Kräuter oder getrockneter Oregano
40 g geriebener Mozzarella oder Käse nach Belieben, z. B. Edamer, Gouda

Bestreichen/Bestreuen:

1 EL Butter

Mehl für die Arbeitsfläche

1. Alle Teigzutaten in eine Schüssel geben, dabei mit 130 ml Wasser beginnen, dann mit dem Handmixer oder per Hand zu einem glatten Teig verkneten.
   Evtl. noch etwas Wasser hinzufügen, falls der Teig zu trocken ist, bzw. etwas Mehl, wenn er zu klebrig ist. Teig ohne Ruhezeit weiterverarbeiten.
2. Backofen auf 180 °C Umluft vorheizen.
3. Salami in feine Würfel schneiden.
4. Pizzateig auf der bemehlten Arbeitsfläche zu einem dünnen Rechteck (ca. 40 × 30 cm) ausrollen. In der Mitte der langen Seite mit einem Messer teilen.
5. Nun die eine Hälfte Pizzateig mit 1–2 EL Tomatenmark bestreichen, mit etwas Salz und Pfeffer würzen und mit ½ TL getrockneten Kräutern bestreuen. 20 g Mozzarella und die Hälfte der Salamiwürfel darauf verteilen.
6. Die unbelegte Teigseite über die belegte klappen, die Enden sollten dabei bündig abschließen. Dann Teigplatte in 1 ½–2 cm breite Streifen schneiden. Jeden Streifen wie eine Kordel etwa dreimal in sich verdrehen und auf ein mit Backpapier ausgelegtes Backblech legen.
7. Mit dem restlichen Pizzateig und den restlichen Zutaten genauso verfahren.
8. Butter in einem Topf schmelzen und die Streifen damit bestreichen.
9. Blech in den Ofen schieben und Twists in 15–18 Minuten goldbraun backen.

Tipp:

Schmeckt auch mit Blätterteig oder Hefe-Pizzateig (siehe Grundrezepte ab S. 10) als Grundlage sehr gut. Evtl. vor dem Backen noch mit Parmesan bestreuen. Mit warmer Tomatensoße oder (scharfer) Salsa zum Dippen servieren.

Gerne nach Belieben variieren, zum Beispiel nur mit Tomatenmark und Mozzarella oder einem Belag nach Geschmack, etwa Putenwurst, Paprika oder Speckwürfel . Es sollte nur kein zu wasserhaltiges Gemüse wie Zucchini verwendet werden.

Pizzaschnecken

FÜR 15–20 STÜCK

ZUTATEN:

Teig:

Pizzateig – einfaches Grundrezept mit 200 g Mehl, siehe S. 11

Belag:

2–3 EL Tomatensoße, siehe S. 9

40–50 g geriebener Mozzarella

80 g Schinken in Scheiben

70 g Champignons aus dem Glas oder frisch

1 EL Butter (optional)

Mehl für die Arbeitsfläche

1. Pizzateig zubereiten (siehe S. 10) und ca. 1 Stunde abgedeckt an einem warmen Ort gehen lassen.
2. Tomatensoße (siehe S. 9) zubereiten.
3. Backofen auf 220 °C Ober-/Unterhitze vorheizen.
4. Pizzateig auf der bemehlten Arbeitsfläche in der Größe eines Backblechs dünn ausrollen.
5. Dann mit Tomatensoße bestreichen, dabei an einer langen Seite einen Rand von ca. 1 ½ cm frei lassen. Mozzarella und Schinken auf die Tomatensoße legen.
6. Damit das Aufrollen leichter geht, den Teig mittig (lange Seite) durchschneiden. Teighälften nun jeweils von der Seite mit Belag vorsichtig eng aufrollen, den Rand (ohne Belag) gut festdrücken.
7. Die Rollen mit einem scharfen Messer in 1 ½–2 cm breite Scheiben schneiden und diese auf ein mit Backpapier ausgelegtes Backblech setzen.
8. Butter, falls gewünscht, in einem Topf schmelzen und Schnecken damit bestreichen.
9. Schnecken 12–15 Minuten im Ofen backen.

Tipp:

Mit warmer Tomatensoße zum Dippen servieren. Vor dem Backen evtl. noch mit Parmesan bestreuen.

Anstatt Tomatensoße kann man auch passierte Tomaten oder Tomatenmark verwenden. Teig damit bestreichen und mit etwas getrocknetem Oregano bestreuen.

Ideales Fingerfood für die nächste Party. Anstatt Pizzateig eignet sich auch Blätterteig.

Pizzastangen

FÜR 8–10 STÜCK

ZUTATEN:

- 300 g Mehl, z. B. Weizenmehl Type 405
- 200 g Milch
- 5 g Trockenhefe oder 15 g Frischhefe
- 1 ½ TL Pizzagewürz bzw. getrocknete italienische Kräuter
- 125 g geriebener Emmentaler oder Edamer
- 100 g magere Speckwürfel
- 1 ½ TL Salz
- 2 EL Öl, z. B. Olivenöl

Bestreichen/Bestreuen:

- Wasser oder Milch
- getrockneter Oregano

Mehl für die Arbeitsfläche

1. Mehl, Milch, Hefe und Pizzagewürz in einer Schüssel vermengen.
2. Die restlichen Zutaten hinzufügen und mit einem Handmixer oder mit der Hand zu einem homogenen Teig verkneten.
3. Die Schüssel mit Frischhaltefolie oder einem feuchten Küchentuch abdecken und Teig an einem warmen Ort ca. 30 Minuten gehen lassen.
4. Backofen auf 200 °C Ober-/Unterhitze vorheizen.
5. Den Teig in 8–10 gleich große Stücke teilen (je nach gewünschter Größe).
6. Aus den einzelnen Teiglingen auf der bemehlten Arbeitsfläche jeweils eine lange Rolle formen und diese auf ein mit Backpapier belegtes Backblech legen.
7. Stangen mit Wasser oder Milch bepinseln und mit getrocknetem Oregano bestreuen.
8. Blech in den Backofen schieben und Stangen 15–20 Minuten backen.

Tipp:

Anstatt Speckwürfel eignet sich auch Salami.

Wer mag, kann die Stangen vor dem Backen noch mit etwas geriebenem Parmesan bestreuen.

Pizza-Cracker

FÜR 1 BLECH BZW. CA. 30–40 STÜCK (JE NACH GEWÜNSCHTER GRÖSSE)

ZUTATEN:

- 80 g Mehl, z. B. Weizen- oder Dinkelvollkornmehl
- 50 g Haferflocken
- 50 g Sonnenblumenkerne
- 30 g Sesamsamen
- 20 g geschrotete Leinsamen
- 25 g geriebener Parmesan
- 1 TL getrockneter Oregano
- 1 TL Pizzagewürz oder getrocknete italienische Kräuter
- 1 TL edelsüßes Paprikapulver
- 1 Prise rosenscharfes Paprikapulver (optional)
- ½ TL Salz
- 25 g Tomatenmark
- 2 EL Öl, z. B. Olivenöl
- 200 ml Wasser

1. Backofen auf 170 °C Ober-/Unterhitze vorheizen.
2. Alle trockenen Zutaten in eine Schüssel geben und vermengen.
3. Dann Tomatenmark, Olivenöl und Wasser hinzufügen und mit dem Handmixer zu einem klebrigen Teig verarbeiten.
4. Ein Backblech mit Backpapier belegen und die Masse dünn auf das Papier streichen.
5. Blech in den Ofen schieben und Teig ca. 20 Minuten backen, dann Hitze auf 120 °C reduzieren und Teig weitere 20 Minuten backen. Blech aus dem Ofen holen, Cracker auskühlen lassen und in Stücke brechen. Wer die Cracker in gleichmäßige Stücke schneiden möchte, holt das Blech nach 10 Minuten Backzeit aus dem Ofen und schneidet den Teig mit einem scharfen Messer oder einem Pizzaschneider in gleichmäßige Stücke. Dann Blech wieder in den Ofen geben und Teig fertig backen.

Tipp:

Saaten und Kerne nach Belieben variieren, zum Beispiel Kürbiskerne und Chiasamen untermischen.

Pizza-Donuts

FÜR 6 STÜCK

ZUTATEN:

Teig:

- 150 ml lauwarmes Wasser
- 21 g Frischhefe oder 7 g Trockenhefe
- 250 g Mehl Tipo 00 oder Weizenmehl Type 405
- 1 Prise Zucker (optional)
- 1 EL Olivenöl
- 1 TL Salz

Belag:

- 3 EL Tomatenmark
- 70 g passierte Tomaten aus der Dose
- ½ TL getrockneter Oregano
- 6 entsteinte schwarze Oliven (optional)
- 6 Salamischeiben (ca. 40 g)
- ¼ grüne oder rote Paprikaschote
- 60 g geriebener Mozzarella
- 50 g Mais aus der Dose

Mehl für die Arbeitsfläche

1. 50 ml des Wassers in eine Schüssel gießen, die Hefe hineinbröseln und gut verrühren.
2. Mehl und Zucker, sofern verwendet, in einer zweiten Schüssel vermischen.
3. Hefewasser und restliches Wasser zufügen und alles gut mit dem Handmixer oder per Hand durchkneten.
4. Olivenöl und Salz zugeben und alles zu einem glatten Teig verkneten, dabei evtl. noch etwas Wasser zugießen, falls der Teig zu trocken ist. Teig zu einer Kugel formen, in eine Schüssel geben und mit Frischhaltefolie oder einem feuchten Küchentuch abdecken. Ca. 1 Stunde an einem warmen Ort gehen lassen, bis sich das Volumen etwa verdoppelt hat.
5. Währenddessen Tomatenmark in einer Schüssel mit passierten Tomaten und Oregano vermischen.
6. Backofen auf 220 °C Umluft vorheizen.
7. Oliven, sofern verwendet, in Scheiben schneiden. Salami klein schneiden.
8. Paprikaschote waschen, putzen und fein würfeln.
9. Teig vor dem Weiterverarbeiten nochmals durchkneten. Arbeitsfläche mit Mehl bestreuen. Teig in 6 gleich große Stücke teilen, jeweils zu einer Kugel formen und mit einem Holzkochlöffelstiel mittig ein Loch in jede Kugel stechen und mit den Fingern ca. 4 cm breit weiten.
10. Donuts auf ein mit Backpapier belegtes Blech setzen, mit Tomatensoße bestreichen und mit Mozzarella bestreuen. Mais, Paprika, Olivenscheiben und Salami darauf verteilen und leicht andrücken.
11. Donuts im Ofen auf mittlerer Schiene 10–15 Minuten backen.

Tipp:

Alternativ kann man auch eine Donutform verwenden. Dazu den Teig allerdings in 8 Stücke teilen.

Wenn die Hälfte des Wassers durch Milch ersetzt wird, wird der Teig etwas feiner.

Belag nach Wunsch variieren, zum Beispiel mit Schinkenwürfeln, klein gehackten Champignons, Sucuk in Scheiben usw.

VEGETA-RISCHES

Pizza-Dip – Veggie Style

FÜR 4–6 PORTIONEN

ZUTATEN:

Frischkäseschicht:

80 g Ricotta
175 g Frischkäse, Vollfett
175 g Frischkäse, fettarm
120 g geriebener Mozzarella
1 TL getrockneter Oregano
1 TL getrocknetes Basilikum
Salz, Pfeffer

Tomatensoße:

50 g Tomatenmark
100 g passierte Tomaten aus der Dose
1 TL getrockneter Oregano
Salz, Pfeffer

Belag:

¼ grüne Paprikaschote
¼ orange Paprikaschote
25 g entsteinte schwarze Oliven
50 g geriebener Pizzakäse, Mozzarella oder Edamer
25 g Mais aus der Dose
2 Stängel frisches Basilikum

flache feuerfeste Form, z. B. Tarteform, Ø 24 cm
Öl für die Form

1. Backofen auf 180 °C Umluft vorheizen und die Form einfetten.
2. Ricotta und beide Frischkäsesorten in einer Schüssel kurz mit einem Handmixer cremig rühren. Mozzarella, Oregano und Basilikum untermengen und mit Salz und Pfeffer abschmecken. Masse in die Form streichen.
3. Tomatenmark in einer Schüssel mit passierten Tomaten und Oregano vermengen, leicht salzen und pfeffern. Soße auf der Frischkäseschicht verteilen.
4. Paprikaschoten waschen, putzen und würfeln. Oliven in Scheiben schneiden.
5. Tomatensoße mit Käse, Mais, Oliven und Paprikawürfeln bestreuen. Form in den Ofen schieben und Dip 25–30 Minuten backen.
6. Basilikum waschen, trocken schütteln, Blätter abzupfen und grob hacken. Vor dem Servieren auf dem gebackenen Dip verteilen.

Tipp:
Dazu schmeckt ein Baguette zum Dippen.

Pizza-Popcorn

FÜR 3–4 PORTIONEN

ZUTATEN:

- 2 EL Olivenöl
- 1 EL Tomatenmark
- 1 TL getrocknete italienische Kräuter oder 1 TL frisch gehackte Kräuter, z. B. Oregano, Rosmarin, Thymian etc.
- 1 TL getrocknetes Basilikum
- 1 TL getrockneter Rosmarin
- ¼ TL Zwiebelpulver (oder Zwiebelgranulat, mit Mörser gemahlen)
- 1 TL edelsüßes Paprikapulver
- 100 g salziges Popcorn

1. Öl und Tomatenmark in einem Topf verrühren, dann bei mittlerer Hitze erwärmen. Kräuter und Gewürze hinzufügen und alles verrühren.
2. Popcorn zugeben und mit einem Pfannenwender alles gut durchmischen. Parmesan, sofern verwendet, darüberstreuen. Nochmals gut durchmischen, dann Herd ausstellen. Popcorn in eine Schüssel umfüllen und abkühlen lassen.

Tipp:

Popcorn kann man auch selbst zubereiten. Dazu 1–2 EL Sonnenblumen- oder Kokosöl in einem großen Topf mit Deckel (am besten Glasdeckel) erhitzen und ca. 50 g Popcornmais hinzufügen. Deckel aufsetzen und bei hoher Hitze den Mais aufpuffen lassen. Wenn etwa die Hälfte gepufft ist (falls du keinen Glasdeckel verwendest, hebe den Deckel zum Überprüfen vorsichtig seitlich an), Topf vom Herd nehmen. Die Resthitze reicht für die restlichen Körner. Man kann aber auch Heißluftfritteuse oder Popcornmaker verwenden.

Falls du das Popcorn selbst zubereitest, musst du der Gewürzmischung aus dem Rezept noch ½ TL Salz hinzufügen. Die Kräuter-Gewürzmischung lässt sich beliebig variieren, etwa mit rosenscharfem Paprikapulver, Chilipulver, Knoblauchpulver usw. Anstelle des Öls kannst du auch 2 EL Butter schmelzen und mit den Gewürzen vermischen. Für noch mehr Pizzageschmack kleine Mini-Salami in Stückchen schneiden, mit in den Topf geben und untermischen.

Regenbogen-Pizza

FÜR 1 RUNDE PIZZA MIT CA. Ø 26–28 CM BZW. 1–2 PORTIONEN

ZUTATEN:

Belag:

½ kleine rote Zwiebel
½ grüne Paprikaschote
¾ gelbe Paprikaschote
1 orange Paprikaschote
1 ½ rote Paprikaschote
3–4 EL Tomatenmark
½ TL getrockneter Oregano
70 g geriebener Mozzarella

Teig:

150 g griechischer Naturjoghurt
160 g Mehl, z. B. Weizenmehl Type 405
1 TL Backpulver
½ TL Salz

Mehl für die Arbeitsfläche

1. Backofen auf 170 °C Umluft vorheizen
2. Zwiebel abziehen und in Würfel schneiden.
3. Paprikaschoten waschen, putzen und jeweils in gleichmäßige Würfel schneiden.
4. Alle Teigzutaten in eine Schüssel geben und mit dem Handmixer oder per Hand gut verkneten. Evtl. noch etwas Mehl hinzufügen, falls der Teig zu klebrig ist, oder 1–2 TL Joghurt oder Wasser, wenn er zu trocken ist.
5. Teig zu einer Kugel formen und auf der bemehlten Arbeitsfläche zu einem Kreis von Ø 26–28 cm ausrollen. Pizza auf ein mit Backpapier belegtes Blech legen. Um eine gleichmäßig runde Form zu erhalten, z. B. eine entsprechend große Kuchenform oder Schüssel auf den Teig drücken und den überschüssigen Teig abschneiden. Reste einfach mit aufs Backblech legen und mitbacken.
6. Tomatenmark auf der Pizza verstreichen und Oregano darüberstreuen.
7. Mozzarella darauf verteilen.
8. Dann das Gemüse nach Farben getrennt in Kreisen auf der Pizza verteilen, und zwar von innen nach außen in folgender Reihenfolge: rote Zwiebeln, grüne, gelbe, orange und rote Paprikaschote.
9. Pizza in den Ofen schieben und 12–15 Minuten backen. Dabei darauf achten, dass das Gemüse nicht zu dunkel wird, evtl. für die letzten paar Minuten mit Alufolie abdecken.

Tipp:

Anstatt Pizzateig mit griechischem Joghurt kann man auch ca. 200 g zubereiteten Pizzateig von S. 11 verwenden.

Als Gemüsevarianten eignen sich Brokkoli oder Blattspinat für die Farbe Grün, Mais für Gelb, Karotten für Orange, Rotkohl für Lila und Tomaten für Rot.

Pizza-Bombs

FÜR 10 STÜCK

ZUTATEN:

Teig:

Pizzateig – einfaches Grundrezept mit 200 g Mehl, siehe S. 7

Belag:

ca. 50 ml stückige Tomatensoße, siehe S. 5
10 Blätter Basilikum (optional)
10 Mini-Mozzarellakugeln
1 EL Butter oder Olivenöl

Mehl für die Arbeitsfläche
1 Muffinform
Öl und Mehl für die Form

1. Pizzateig zubereiten (siehe S. 7) und ca. 1 Stunde abgedeckt an einem warmen Ort gehen lassen.
2. Tomatensoße (siehe S. 5) zubereiten.
3. Backofen auf 220 °C Ober-/Unterhitze vorheizen.
4. Basilikum waschen und mit einem Küchentuch trocken tupfen. Mozzarella gut abtropfen lassen.
5. Pizzateig durchkneten und auf der bemehlten Arbeitsfläche zu einer Rolle formen. Diese in 10 gleich große Portionen teilen, dann jeweils zu Kugeln formen. Die Kugeln jeweils kreisrund ausrollen (nicht zu dünn, damit der Teig später nicht reißt).
6. Mittig jeweils 1 gehäuften TL Tomatensoße auf den Teig setzen, 1 Mini-Mozzarella und 1 Blatt Basilikum hinzufügen.
7. Die Teigaußenseiten über die Füllung klappen, mit den Fingern festdrücken und Kugeln so verschließen.
8. Muffinblech einfetten und mit Mehl bestäuben. Die gefüllten Teiglinge mit der Nahtseite nach unten in die Mulden des Muffinblechs legen. Alternativ gefüllte Teiglinge auf ein mit Backpapier ausgelegtes Backblech setzen.
9. Butter in einem Topf schmelzen und die Teiglinge damit bestreichen.
10. Form in den Ofen schieben und Kugeln 15–18 Minuten backen, bis sie leicht gebräunt sind.

Tipp:

Vor dem Backen noch mit Parmesan bestreuen. Mit warmer Tomatensoße zum Dippen servieren.

Anstatt Tomatensoße kann man auch stückige Tomaten nehmen und mit etwas getrocknetem Oregano mischen.

Die Pizza-Bombs lassen sich nach Belieben füllen, etwa mit Schinken, Salami, Paprika – alles klein gewürfelt – und geriebenem Mozzarella. Auch lecker: Thunfischfüllung mit abgetropftem Thunfisch aus der Dose, Zwiebelwürfeln und geriebenem Mozzarella.

Müslipizza

FÜR 1–2 PORTIONEN

ZUTATEN:

Teig:

2 reife Bananen
20 g flüssiger Honig oder Ahornsirup
150 g feine Haferflocken
15 g geschrotete Leinsamen
1 TL Chiasamen (optional)

Belag:

1 Handvoll Himbeeren
1 Handvoll Heidelbeeren
100 g Skyr oder griechischer Naturjoghurt
1 EL gehobelte Mandeln

runde Springform mit Ø 18 cm
Öl für die Form

1. Backofen auf 180 °C Umluft vorheizen.
2. Form einfetten oder mit Backpapier auskleiden.
3. Bananen schälen, in einer Schüssel mit der Gabel zerdrücken und mit dem Honig vermengen.
4. Die restlichen Zutaten für den Boden hinzufügen und zu einer klebrigen Masse vermischen. Teig in die Form geben und mit einem Löffel auf dem Boden festdrücken.
5. Teig 12–15 Minuten im Ofen backen.
6. Herausnehmen und kurz auskühlen lassen. Mit einem Messer angebackenen Rand von der Form lösen. Springform öffnen, Müsliboden mit dem Backpapier auf einen Rost geben und vollständig auskühlen lassen. Dann das Backpapier vorsichtig ablösen.
7. Beeren waschen, verlesen und mit einem Küchenpapier trocken tupfen.
8. Müsliboden auf eine Servierplatte setzen, mit Skyr bestreichen, mit Beeren belegen und mit gehobelten Mandeln bestreuen.

Tipp:

Müslipizza kann man mit Obst nach Belieben belegen, zum Beispiel Apfel-, Erdbeer-, Kiwi-, Pfirsich-, Nektarinen- und Bananenscheiben, halbierten Weintrauben usw.

Skyr lässt sich durch 100 g Magerquark ersetzen, der mit 1 TL Mineralwasser oder Sojajoghurt verrührt wird. Eine weitere Variante ist, den Boden vor dem Belegen dünn mit etwas Mandel- oder Nussmus zu bestreichen.

Pizza-Pancakes

FÜR 6–9 STÜCK

ZUTATEN:

- 100 g Zucchini
- 50 g Kirschtomaten
- 2 Eier
- 200 ml Milch
- 2 TL getrocknete italienische Kräuter oder Pizzagewürz
- 200 g Mehl, z. B. Weizenmehl Type 405
- 1 TL Backpulver
- 100 g geriebener Mozzarella
- Salz, Pfeffer
- 2–3 EL Öl, z. B. Olivenöl

1. Zucchini und Tomaten waschen, putzen und in kleine Würfel schneiden.
2. Eier, Milch und Kräuter in einer Schüssel verquirlen.
3. Mehl und Backpulver in einer zweiten Schüssel vermischen, zur Eiermasse geben und vermengen.
4. Gemüse und Mozzarella hinzufügen und kräftig mit Salz und Pfeffer würzen.
5. 1 EL Öl in einer Pfanne erhitzen.
6. 3 Teigkleckse (ca. 1 ½ EL pro Pancake) in die Pfanne setzen und etwas flach drücken. Auf einer Seite kurz anbraten, bis die Unterseite hellbraun ist. Dann wenden, die andere Seite ebenfalls goldbraun backen und Pancakes auf kleiner Hitze in 3–5 Minuten (je nach Dicke der Pancakes) durchgaren. Aus der Pfanne nehmen.
7. Wieder 1 EL Öl in die Pfanne geben und Vorgang so lange wiederholen, bis der Teig aufgebraucht ist.

Tipp:

Mit Kräuterquark oder warmer Tomatensoße zum Dippen servieren.

Pizza-Lasagne à la Margherita

FÜR 3–4 PORTIONEN

ZUTATEN:

1 kleine Zwiebel
1–2 Knoblauchzehen
125 g Mozzarella
1 EL Öl, z. B. Olivenöl
800 g stückige Tomaten aus der Dose
3 TL getrockneter Oregano
Salz, Pfeffer
30 g Butter
30 g Mehl
250 ml Milch
250 g Ricotta
9–12 Lasagneplatten ohne Vorkochen
2 Tomaten
1 Stängel Basilikum

1 Auflaufform, z. B. 25 × 20 × 6 cm
Öl für die Form

1. Backofen auf 170 °C Umluft vorheizen.
2. Zwiebel und Knoblauch abziehen und fein hacken. Mozzarella gut abtropfen lassen.
3. Öl in einer Pfanne erhitzen, Zwiebel und Knoblauch darin glasig dünsten. Tomaten zufügen, mit Oregano, Salz und Pfeffer würzen und Soße ca. 5 Minuten bei mittlerer Hitze köcheln lassen.
4. Butter in einem Topf schmelzen, mit dem Schneebesen aufrühren, das Mehl unter Rühren hinzufügen und hell anschwitzen. Milch nach und nach zugießen und mit dem Schneebesen einrühren. Soße köcheln lassen, bis sie eindickt. Ricotta löffelweise bei niedriger Hitze einrühren, mit Salz und Pfeffer abschmecken.
5. Die Auflaufform einfetten. Eine dünne Schicht Ricottasoße auf dem Boden verteilen, dann Nudelplatten darauflegen. Je nach Form die Nudelplatten einpassen, indem man Stücke abbricht.
6. Etwas Tomatensoße auf die Platten geben, ein paar Kleckse Ricottasoße darauf verteilen, glatt streichen und mit Lasagneplatten bedecken. Vorgang wiederholen und als letzte Schicht Tomatensoße auftragen.
7. Mozzarella in Scheiben schneiden und auf der Soße verteilen. Tomaten waschen, putzen und in Scheiben schneiden. Auf jede Mozzarellascheibe 1 Tomatenscheibe legen.
8. Form in den Ofen schieben und Lasagne 15–20 Minuten backen.
9. Währenddessen Basilikum waschen, Blätter abzupfen und mit Küchenpapier trocken tupfen.
10. Lasagne aus dem Ofen nehmen, etwas abkühlen lassen und mit Basilikumblättern garnieren.

Tipp:

Als Belagvariante auf jede Schicht Tomatensoße und auf die Mozzarellascheiben ein paar Scheiben Salami legen. So wird daraus eine Pizza-Lasagne Salame.

Pull-Apart-Bread Margherita-Style

FÜR 1 BROT

ZUTATEN:

- 1 Tomate
- 125 g Mozzarella
- 120 g weiche Butter
- Salz, Pfeffer
- 1 TL Pizzagewürz oder getrockneter Oregano
- 1 Knoblauchzehe
- 1 kleiner Laib Brot (750 g), z. B. Sauerteigbrot oder Mischbrot

1. Backofen auf 180 °C Umluft vorheizen.
2. Tomate waschen, Stielansatz entfernen und Fruchtfleisch in kleine Stücke schneiden.
3. Mozzarella gut abtropfen lassen. Dann in kleine Stücke schneiden.
4. Butter in einer Schüssel mit Salz, Pfeffer und Pizzagewürz verrühren. Knoblauch schälen, hinzupressen und gut vermengen.
5. Das Brot mit einem Brotmesser der Länge nach in Reihen tief einschneiden (bis etwa 2 cm zum Brotboden). Dann quer ebenfalls reihenweise tief einschneiden. So entsteht ein Gittermuster.
6. Tomaten- und Mozzarellastücke in die Einschnitte stecken und gut in das Brot drücken.
7. Knoblauchbutter in die Spalten und über das ganze Brot streichen.
8. Brot auf ein Blech setzen und mit Alufolie abdecken. Das Backblech in den Ofen schieben und Brot 15 Minuten backen.
9. Folie entfernen und Brot weitere 5–10 Minuten backen, bis es goldgelb und knusprig ist.

Tipp:

Schmeckt auch lecker gefüllt mit Salami und/oder Schinken und Mozzarella.

Nach Belieben vor dem Servieren frische Basilikumblätter zusätzlich in die Spalten stecken. Das sorgt für einen schönen Farbkontrast.

Auf **happyfitfood.de/crazy-pizza** findest du ein Rezept, um Sauerteigbrot ganz einfach selbst zu backen.

Cheesy Pizza-Breadsticks

FÜR 1 BLECH BZW. CA. 20 STÜCK (JE NACH GEWÜNSCHTER GRÖSSE)

ZUTATEN:

Teig:

Pizzateig – einfaches Grundrezept mit 400 g Mehl, siehe S. 11

Belag:

½ Bund frische Petersilie oder Kräuter nach Belieben, z. B. Basilikum
20 g Butter
1 TL getrockneter Oregano
2 Knoblauchzehen
20 g geriebener Parmesan
60 g geriebener Cheddar
70 g geriebener Mozzarella

Mehl für die Arbeitsfläche

1. Pizzateig zubereiten (siehe S. 10) und ca. 1 Stunde abgedeckt an einem warmen Ort gehen lassen.
2. Backofen auf 200 °C Ober-/Unterhitze vorheizen.
3. Ein Backblech mit Backpapier belegen. Den Pizzateig auf der bemehlten Arbeitsfläche dünn ausrollen und auf das Backpapier legen.
4. Petersilie waschen, trocken schütteln und hacken.
5. Butter in einem kleinen Topf schmelzen und Oregano einrühren. Knoblauchzehen schälen, hinzupressen und untermengen.
6. Pizzateig mit der Knoblauchbutter bestreichen, dann mit Petersilie und Käse bestreuen.
7. Blech in den Ofen schieben und Pizza 10–15 Minuten backen, bis der Käse goldbraun und der Boden knusprig ist. Evtl. die letzten paar Minuten Alufolie auflegen, damit der Käse nicht zu dunkel wird.
8. Blech aus dem Ofen holen und Pizza In Streifen schneiden.

Tipp:

Schmeckt lecker zu Salaten oder zum Dippen in Tomatensoße, siehe S. 9.

OHNE TEIG

Hähnchen Hasselback Margherita-Style

FÜR 4 PORTIONEN

ZUTATEN:

250 g Mozzarella
4 Hähnchenbrustfilets (à 150–200 g)
Salz, Pfeffer
4 Tomaten
3–4 Stängel Basilikum
1 EL Olivenöl
½ TL getrocknete italienische Kräuter oder 1 TL frisch gehackte Kräuter wie z. B. Oregano, Rosmarin, Thymian etc.

1. Backofen auf 180 °C Umluft vorheizen.
2. Mozzarella gut abtropfen lassen und in Scheiben oder Streifen schneiden.
3. Hähnchenbrustfilets mit Wasser abbrausen und mit Küchenpapier trocken tupfen. Auf beiden Seiten salzen und pfeffern und jeweils quer 5–6 tiefe Schlitze einschneiden. Dann in eine gefettete Auflaufform oder auf ein mit Backpapier belegtes Backblech geben.
4. Tomaten waschen und in Scheiben schneiden. Die Tomatenscheiben in die Schlitze stecken.
5. Basilikum waschen und die Blätter abzupfen.
6. Basilikum und Mozzarella zu den Tomaten in die Schlitze stecken.
7. Öl, Salz, Pfeffer und Kräuter in einer Schüssel vermischen und über die gefüllten Hähnchenbrustfilets träufeln.
8. In den Ofen schieben und Hähnchenbrustfilets 20–25 Minuten backen.

Tipp:

Dazu schmeckt z. B. Blatt- oder Tomatensalat.

Pizza-Suppe

FÜR CA. 4 PORTIONEN

ZUTATEN:

1 Zwiebel
1 rote Paprikaschote
1 gelbe Paprikaschote
1 EL Öl, z. B. Olivenöl
300 g Hackfleisch, z. B. vom Rind
Salz, Pfeffer
300 ml Gemüsebrühe
400 g stückige Tomaten aus der Dose
1 TL getrockneter Oregano
½ TL getrocknete italienische Kräuter oder 1 TL frisch gehackte Kräuter, z. B. Oregano, Rosmarin, Thymian etc.
1 kleine Dose Champignons (ca. 170 g Abtropfgewicht)
1 kleine Dose Mais (ca. 140 g Abtropfgewicht)
75 g Schmelzkäse Sahne

1. Zwiebel abziehen und fein hacken.
2. Paprikaschoten waschen, putzen und in Würfel schneiden.
3. Öl in einer Pfanne erhitzen, Zwiebel darin kurz anbraten, dann das Hackfleisch zufügen und krümelig braten. Mit Salz und Pfeffer würzen.
4. Paprika zugeben und ca. 3 Minuten mitgaren.
5. Mit Brühe und Tomaten ablöschen, Kräuter hinzufügen und ca. 10 Minuten auf niedriger Stufe köcheln lassen.
6. Champignons und Mais abtropfen lassen und in die Suppe geben. Schmelzkäse in der Suppe auflösen. Suppe bei niedriger Hitze weitere 5 Minuten garen.
7. Mit Salz und Pfeffer abschmecken.

Tipp:
Mit frisch gehackten Kräutern wie Petersilie oder Basilikum bestreuen und mit frischem Brot oder Baguette servieren.

Rösti-Pizza

FÜR 4 STÜCK

ZUTATEN:

600 g festkochende Kartoffeln
½ kleine Zwiebel
Salz, Pfeffer
2–3 EL Mehl, z. B. Weizenmehl Type 405
1 EL Öl, z. B. Olivenöl
Belag nach Belieben (siehe Zubereitungspunkt 10)

1. Backofen auf 200 °C Ober-/Unterhitze vorheizen.
2. Kartoffeln schälen, waschen und mit der Gemüsereibe raspeln. Flüssigkeit mit Küchenpapier abtupfen bzw. Kartoffelmasse gut ausdrücken, damit die Rösti nicht matschig werden.
3. Zwiebel abziehen und fein hacken.
4. Zwiebel und Kartoffeln in einer Schüssel vermengen und mit Salz und Pfeffer würzen.
5. Mehl hinzufügen und zu einer klebrigen Masse vermischen.
6. Backblech mit Backpapier belegen und das Backpapier mit Öl einpinseln.
7. Aus der Kartoffelmasse mit etwas Abstand zueinander 4 etwa gleich große Portionen auf das Backblech setzen und jeweils kreisförmig und dünn verstreichen.
8. Blech in den Ofen schieben und Rösti 20–30 Minuten (je nachdem, wie dünn sie sind) backen.
9. Nach dem Backen nach Belieben belegen.
10. Belag nach Belieben, z. B. pro Rösti:
    - 1 TL grünes Pesto, 1 Scheibe Parmaschinken in Stücken, 1 Kirschtomate in Scheiben und Rucola
    - 1 EL Tomatensoße, 2 Kugeln Mini-Mozzarella in Scheiben und 1 Kirschtomate in Scheiben
    - 1 EL Ricotta oder saure Sahne, 1 Scheibe Räucherlachs und Zwiebelringe
    - 1 EL Tomatensoße, Thunfisch und Zwiebelringe

Tipp:

Wer Belag wie z. B. Mozzarella mitbacken möchte, kann die Rösti erst 20 Minuten vorbacken, dann belegen und schließlich weitere 5–10 Minuten in den Ofen schieben.

Man kann auch geraspelten Mozzarella auf die gebackenen Rösti streuen, sobald sie aus dem Ofen kommen, dann schmilzt der Käse. Danach Rösti-Pizzen mit frischen Zutaten und Salat beliebig belegen.

Alternativ lassen sich die Rösti auch in der Pfanne mit Öl oder Butterschmalz herausbraten.

Pizza-Gnocchi

FÜR 3–4 PORTIONEN

ZUTATEN:

½ rote Paprikaschote
100 g frische Champignons
100 g Schinken, Salami oder Hähnchenaufschnitt oder eine Mischung daraus
400 g stückige Tomaten aus der Dose
1 EL Tomatenmark
1 ½ TL getrockneter Oregano oder 1–2 EL frischer gehackter Oregano
Salz, Pfeffer
500 g Gnocchi (aus dem Kühlregal oder selbst gemacht*)
100 g geriebener Mozzarella
Öl für die Form

1. Backofen auf 180 °C Umluft vorheizen.
2. Paprikaschote waschen, putzen und in kleine Würfel schneiden.
3. Champignons putzen und in Scheiben schneiden, evtl. noch etwas kleiner schneiden.
4. Schinken würfeln.
5. Tomaten in einer Schüssel mit Tomatenmark, Oregano, Salz und Pfeffer vermischen.
6. Eine Auflaufform einfetten und die Gnocchi darin verteilen.
7. Paprika, Champignons und Schinken mit der Tomatensoße vermischen und über die Gnocchi geben.
8. Mozzarella darüberstreuen und Gnocchi 25–30 Minuten im Ofen backen.

Tipp:

Varianten: à la Pizza Broccoli mit Brokkoli, Tomate, Mozzarella oder à la Pizza Toscana mit Hähnchen, Tomate, Zwiebel und Basilikum.

* Ein leckeres Rezept für selbst gemachte Gnocchi findest du unter **happyfitfood.de/crazy-pizza.**

Mac and Cheese Pizza-Style

FÜR 4 PORTIONEN

ZUTATEN:

500 g Nudeln, z. B. Penne rigate
250 g Mozzarella
3 EL Butter
3 EL Mehl, z. B. Weizenmehl Type 405
3 EL Tomatenmark
500 ml Milch
Salz, Pfeffer
1 TL getrockneter Oregano
½ TL getrocknete italienische Kräuter oder 1 TL frisch gehackte Kräuter, z. B. Oregano, Rosmarin, Thymian
100–125 g Salami in Scheiben

ofenfeste Pfanne

1. Nudeln in einem Topf mit Salzwasser nach Packungsanweisung kochen und etwa 2 Minuten vor Ende der angegebenen Garzeit in ein Sieb abgießen.
2. Backofen auf 180 °C Umluft vorheizen.
3. Mozzarella gut abtropfen lassen und fein würfeln.
4. In einer großen ofenfesten Pfanne (die Nudeln kommen später noch in die Pfanne hinzu) die Butter bei mittlerer Hitze schmelzen und das Mehl löffelweise unter Rühren hinzufügen. Ca. 1 Minute lang anschwitzen.
5. Tomatenmark zugeben und 1 weitere Minute unter Rühren mitgaren.
6. Milch angießen und gründlich verrühren. Unter Rühren 1 Minute köcheln lassen, bis eine cremige Soße entsteht. Mit Salz, Pfeffer und Kräutern würzen.
7. Die Hälfte des Mozzarella hinzugeben und unter Rühren schmelzen lassen.
8. Anschließend die Nudeln in die Pfanne geben und gut mit der Soße vermengen.
9. Den restlichen Mozzarella über die Nudeln streuen und mit Salami belegen. Pfanne in den Ofen schieben und Auflauf ca. 10 Minuten backen, bis der Käse goldbraun geschmolzen ist.

Tipp:

Wer keine ofenfeste Pfanne besitzt, kann die Nudeln mit Soße in eine gefettete Auflaufform füllen, mit Mozzarella und Salami belegen und im Ofen backen.

Auflauf vor dem Servieren mit frisch gehackten Kräutern bestreuen.

Pizza-Nudelsalat

FÜR 3–4 PORTIONEN

ZUTATEN:

250 g Nudeln, z. B. Spirelli oder Hörnchen
½ rote Paprikaschote
100 g Kirschtomaten
8–10 Basilikumblätter
½ rote Zwiebel
100 g Salami
150 g gekochter Schinken
10 eingelegte Peperonis (optional)
6 entsteinte schwarze Oliven
125 g Mini-Mozzarellakugeln
4 EL Essig, z. B. Weißweinessig
3 EL Öl, z. B. Olivenöl
Salz, Pfeffer
1 Prise Zucker
1 TL getrockneter Oregano oder 1 EL frisch gehackter Oregano
2 EL frisch geriebener Parmesan

1. Die Nudeln in einem Topf mit Salzwasser nach Packungsanweisung bissfest kochen, anschließend in ein Sieb abgießen und abkühlen lassen.
2. Paprika waschen, putzen und klein schneiden.
3. Kirschtomaten und Basilikum waschen. Tomaten in Scheiben schneiden. Basilikum klein zupfen.
4. Zwiebel abziehen und fein hacken.
5. Salami und Schinken würfeln
6. Peperonis, sofern verwendet, und Oliven in Scheiben schneiden.
7. Mini-Mozzarellas halbieren.
8. Alle Zutaten (bis auf den Parmesan) in eine große Schüssel geben und gut durchmischen. Salat mindestens 30 Minuten im Kühlschrank durchziehen lassen.
9. Mit geriebenem Parmesan bestreut servieren.

Tipp:

Anstatt Mozzarella kann man auch die gleiche Menge einer anderen Käsesorte wie zum Beispiel Emmentaler oder Gouda würfeln und hinzufügen. Auch lecker: 100 g Schmand unterrühren.

Pizza-Chips

FÜR 12 STÜCK

ZUTATEN:

- 12 EL geriebener Mozzarella
- 3 EL geriebener Parmesan
- 12 kleine Scheiben Salami oder 4–5 Mini-Salami
- 1 TL getrocknete italienische Kräuter oder Pizzagewürz

1. Backofen auf 180 °C Umluft vorheizen.
2. Jeweils 1 EL Mozzarella mit Abstand zueinander auf ein mit Backpapier ausgelegtes Backblech geben, sodass kleine Häufchen entstehen. Mit dem Löffel leicht flach drücken.
3. Parmesan auf die 12 Käsehäufchen streuen.
4. Jeden Käsehaufen mit 1 Scheibe Salami belegen (Mini-Salami in Scheiben schneiden und auf den Häufchen verteilen) und mit den italienischen Kräutern bestreuen.
5. Blech in den Ofen schieben und Chips in 6–10 Minuten goldbraun backen. Dabei Ofen immer im Blick haben, denn die Chips können schnell zu dunkel werden.
6. Blech herausnehmen und Chips abkühlen und aushärten lassen.

Tipp:

Nach Belieben mit Tomatensoße (siehe S. 9) oder Salsa zum Dippen servieren.

Wrap-Pizza

FÜR 2 PORTIONEN

ZUTATEN:

- 1 kleine (rote) Zwiebel
- 2 große Tortillafladen, z. B. aus Weizenmehl
- 2–3 EL passierte Tomaten aus der Dose
- 1 TL getrockneter Oregano
- 8 EL geriebener Mozzarella
- 1 Dose Thunfisch

1. Backofen auf 170 °C Umluft vorheizen.
2. Zwiebel abziehen und in feine Scheiben schneiden oder klein würfeln.
3. Fladen jeweils auf ein mit Backpapier belegtes Backblech geben.
4. Mit passierten Tomaten bestreichen und mit Oregano bestreuen.
5. 3 EL Mozzarella pro Wrap auf der Tomatensoße verteilen.
6. Thunfisch abtropfen lassen, mit der Gabel zerteilen und auf den Mozzarella geben, dann Zwiebeln auflegen.
7. Jeden Wrap mit 1 EL Mozzarella bestreuen.
8. Bleche in den Ofen schieben und Fladen 8–12 Minuten backen.

Tipp:

Weitere Belagvorschläge: Tomatensoße (siehe S. 9), 2 Champignons, in Scheiben geschnitten, 1 Stück Paprika, in Würfel geschnitten, Mais und geriebener Mozzarella. Oder: Schinken- und Salamischeiben, 2 Champignons, in Scheiben geschnitten, 2 eingelegte Peperoni, klein geschnitten, und geriebener Mozzarella.

ZUM TEILEN UND GENIEßEN

Pizzataschen

FÜR 8–10 STÜCK

ZUTATEN:

Teig:

250 g Magerquark
1 Ei
6 EL Olivenöl oder neutrales Öl, z. B. Sonnenblumenöl
6–8 EL Milch
400 g Weizenmehl Type 405 oder Dinkelmehl Type 630
1 Päckchen Backpulver
1 ½ TL Salz

Füllung:

100 g Tomatensoße, siehe S. 9
40 g Salami
60 g Schinken
40 g geriebener Mozzarella

Bestreichen/Bestreuen:

1 EL Butter
½ TL getrockneter Oregano (optional)

Mehl für die Arbeitsfläche
Keksausstecher oder runde Form Ø 10 cm

1. Backofen auf 200 °C Ober-/Unterhitze vorheizen.
2. Tomatensoße (siehe S. 9) für die Füllung zubereiten.
3. Für den Teig Magerquark, Ei, Öl und 6 EL Milch in einer Schüssel verrühren.
4. Die trockenen Zutaten in einer zweiten Schüssel vermischen.
5. Trockene Zutaten zu den feuchten geben und gut mit dem Handmixer oder der Hand verkneten. Evtl. noch etwas Milch zufügen, wenn der Teig zu trocken ist. Der Teig kann sofort ohne Ruhezeit weiterverarbeitet werden.
6. Salami und Schinken würfeln.
7. Den Teig auf einer bemehlten Arbeitsfläche dünn ausrollen.
8. Mit einem großen Keksausstecher oder einer runden Form (Ø 10 cm) Kreise ausstechen. Kreise auf ein mit Backpapier belegtes Blech setzen. Restlichen Teig wieder verkneten, noch mal dünn ausrollen, abermals Kreise ausstechen, bis der Teig aufgebraucht ist. Teigreste evtl. zu einem Brötchen formen und mitbacken.
9. In die Mitte der Teigkreise jeweils ca. 1 ½ EL Tomatensoße geben, dann mit Käse und Wurst belegen.
10. Eine Teighälfte jeweils über die andere klappen und die Ränder mit einer Gabel fest zusammendrücken.
11. Butter in einem Topf schmelzen und, sofern verwendet, mit Oregano mischen. Pizzataschen damit bestreichen.
12. Blech in den Ofen schieben und Taschen in 12–15 Minuten goldbraun backen.

Tipp:

Dieses Quark-Öl-Pizzateig-Rezept reicht auch für 2–3 runde Pizzen oder 1 Blech (mit etwas dickerem Boden).

Anstatt Tomatensoße kann man auch 100 g stückige Tomaten aus der Dose mit ½ TL Pizzagewürz oder getrocknetem Oregano vermischen. Mit Salz und Pfeffer würzen und evtl. noch mit dem Stabmixer etwas feiner pürieren.

Pizza-Burger

FÜR 4 STÜCK

ZUTATEN:

Teig:

Pizzateig – einfaches Grundrezept mit 500 g Mehl, siehe S. 10

Frikadellen:

1 kleine Zwiebel
400 g Hackfleisch
20 g geriebener Parmesan
1 EL Tomatenmark
1 EL mittelscharfer Senf
1–2 EL frisch gehackte Kräuter, z. B. Petersilie (optional)
1 EL Öl, z. B. Rapsöl

Füllung/Belag:

50 ml Tomatensoße, siehe S. 9
1 kleine Zwiebel
3–4 Gewürzgurken
3–4 Mini-Salamis
4 Scheiben Toastkäse (Chester)
4 EL geriebener Mozzarella

Bestreichen:

1 TL Butter

Mehl für die Arbeitsfläche und die Schüsseln
4 kleine Schüsseln Ø 10–12 cm

1. Pizzateig zubereiten (siehe S. 10) und ca. 1 Stunde abgedeckt an einem warmen Ort gehen lassen.
2. Währenddessen die Tomatensoße (siehe S. 9) für die Füllung zubereiten.
3. Dann die Frikadellen vorbereiten. Dazu Zwiebel abziehen und fein hacken.
4. Alle Frikadellenzutaten (bis auf das Öl) in einer Schüssel vermischen. Aus dem Fleischteig 4 etwa gleich große Frikadellen (Ø 8–9 cm) formen (falls vorhanden einen Burgerring verwenden).
5. Öl in einer Pfanne erhitzen und Frikadellen darin 7–10 Minuten von beiden Seiten braten. Dann aus der Pfanne nehmen und abkühlen lassen.
6. Für den Belag Zwiebel abziehen und fein hacken, in der Frikadellenpfanne kurz andünsten.
7. Gewürzgurken in kleine Würfel und Mini-Salamis in feine Scheiben schneiden.
8. Backofen auf 200 °C Ober-/Unterhitze vorheizen.
9. Pizzateig in 4 gleich große Stücke und 1 kleineres Stück teilen. Das kleine Stück Pizzateig erst zu einer Kugel formen, dann auf der bemehlten Arbeitsfläche rund (nicht zu dünn) ausrollen. Mit der Schüsseloberseite 4 Kreise ausstechen, die werden später als »Deckel« benötigt.
10. 1 größeres Teigstück zu einer Kugel formen und dann rund (nicht zu dünn) ausrollen. Der Pizzakreis sollte so groß sein, dass man damit die ganze Schüssel auskleiden kann und der Teig noch etwa 2–3 cm über den Rand hängt.

11. Schüssel mit Mehl bestäuben und mit Teig auskleiden, dabei Teig 2–3 cm über den Rand hängen lassen.
12. Mit den restlichen 3 Teigkugeln ebenso verfahren und weitere 3 Schüsseln bestücken.
13. Die Scheiben Toastkäse jeweils in grobe Stücke schneiden und den Teigboden damit bedecken.
14. Dann in jede Schüssel einschichten: 1 TL Gewürzgurkenstücke, ¼ der Zwiebelwürfel, ¼ der Tomatensoße und 1 Frikadelle. Als »Deckel« 1 rundes Teigstück (siehe Punkt 9) auf jede Frikadelle legen.
15. Die überlappenden Teigstücke jeweils nach innen klappen und gut andrücken.
16. Backblech mit Backpapier belegen, die Burger aus der Schüssel heben und mit der Nahtseite nach unten auf das Blech setzen.
17. Oberfläche der Burger mit einem scharfen Messer kreuzförmig einschneiden. Butter in einem Topf schmelzen und Burger damit bestreichen.
18. Mozzarella auf die Pizza-Burger streuen und mit Mini-Salami-Scheiben belegen.
19. Blech in den Backofen schieben und Burger 10–12 Minuten backen, bis sie schön gebräunt und überbacken sind.

Tipp:

Mit warmer Tomatensoße (siehe S. 9) und Pommes servieren.

Wenn nur 1 entsprechend große Schüssel zur Verfügung steht, jeweils 1 Burger zusammenstellen, dann gleich auf ein mit Backpapier belegtes Backblech setzen und kühl stellen, bis alle fertig sind und in den Ofen können.

Pizzakringel

FÜR 6–10 PORTIONEN

ZUTATEN:

Teig:

Pizzateig – einfaches Grundrezept mit 500 g Mehl, siehe S. 10

Füllung und Dip:

250 g Mascarpone
250 g Ricotta
Salz, Pfeffer
1 TL getrockneter Oregano
½ TL getrocknete italienische Kräuter
1 rote Paprikaschote
150 g Zucchini
50 g Katenschinkenwürfel
250 g Frischkäse
2 EL Milch
1–2 EL frisch gehackte Kräuter, z. B. Basilikum, Petersilie oder ein paar Schnittlauchröllchen

Bestreichen/Bestreuen:

1 Ei
1 EL Milch

Mehl für die Arbeitsfläche
Fett für das Glas
ofenfestes Glas mit ca. Ø 9½ cm
Dipschale ca. Ø 9½ cm, Inhalt ca. 400 ml
runde Kuchenform, z. B. Springform Ø 26 cm

1. Pizzateig zubereiten (siehe S. 10) und ca. 1 Stunde abgedeckt an einem warmen Ort gehen lassen.
2. Teig auf der bemehlten Arbeitsfläche zu einem Rechteck von ca. 32 × 40 cm ausrollen, auf ein mit Backpapier belegtes Backblech legen, mit Frischhaltefolie abdecken und ca. 30 Minuten in den Kühlschrank stellen.
3. Mascarpone und Ricotta in einer Schüssel mit Gewürzen und Kräutern vermischen.
4. Gemüse waschen, putzen und fein würfeln.
5. Teig aus dem Kühlschrank nehmen und der Länge nach in 5 etwa gleich breite Streifen (ca. 6 cm breit) schneiden. Um gerade zu schneiden, am besten ein großes Brett auflegen.
6. 1 Teigstreifen bleibt frei, das wird der Innenrand. Die restlichen 4 Streifen mit insgesamt ¾ der Mascarpone-Ricotta-Mischung bestreichen und mit den Gemüse- und Katenschinkenwürfeln bestreuen. Mit einem Messer nochmals die Schnitte zwischen den Streifen nachziehen. Dann Teig erneut mit Frischhaltefolie abdecken und weitere 30 Minuten im Kühlschrank kalt stellen.
7. Backofen auf 160 °C Ober-/Unterhitze vorheizen.
8. Das Glas an der Außenseite einfetten und darauf den nicht belegten Teigstreifen aufrollen. Nach und nach die weiteren Längsstreifen aufrollen, dabei die Enden immer gut festdrücken. Den Pizzakringel vorsichtig mit dem Glas in eine mit Backpapier ausgelegte ofenfeste Form setzen.
9. Zum Bestreichen Ei und Milch in einer Schüssel verquirlen und den Teig damit bepinseln.

10. Pizzakringel 50–60 Minuten im Ofen backen, dann herausnehmen und etwas abkühlen lassen. Das Glas aus der Mitte lösen, evtl. vorher mit einem Messer um das Glas herumschneiden, um angebackenen Teig zu entfernen.
11. Die restliche Mascarpone-Ricotta-Creme mit Frischkäse, Milch und den frischen Kräutern zu einem Dip verrühren und in eine Servierschüssel füllen. In der Mitte des Pizzakringels platzieren.
12. Stücke vom Pizzakringel abschneiden und mit Dip genießen.

Tipp:

Nach Belieben Kringel mit frisch gehackten Kräutern wie zum Beispiel Petersilie oder Basilikum bestreuen.

Auch lecker mit anderen Zutaten: 100 g Champignons, 5–6 entsteinte schwarze Oliven, 1 (rote) Zwiebel, 100 g getrocknete Soft-Tomaten in kleine Stücke schneiden und vermischen.

Cheesy Pizza-Sticks

FÜR 10 STÜCK

ZUTATEN:

Teig:

Pizzateig – einfaches Grundrezept mit 400 g Mehl, siehe S. 11

Füllung:

250 g Mozzarella
40 kleine Scheiben Salami

Bestreichen/Bestreuen:

1 EL Butter
½ TL getrockneter Oregano oder getrocknete italienische Kräuter

1. Pizzateig zubereiten (siehe S. 10) und ca. 1 Stunde abgedeckt an einem warmen Ort gehen lassen.
2. Mozzarella gut abtropfen lassen.
3. Backofen auf 220 °C Ober-/Unterhitze vorheizen.
4. Pizzateig auf der bemehlten Arbeitsfläche rechteckig in Größe eines Backblechs ausrollen, dann in 10 gleich große Rechtecke schneiden.
5. Jedes Rechteck mittig mit 4 Salamischeiben und 25 g in Stücke geschnittenem Mozzarella belegen. Dann Teig von der länglichen Seite beginnend aufrollen und die Enden der Röllchen mit einer Gabel zusammendrücken.
6. Butter in einem Topf schmelzen und mit den Kräutern verrühren. Rollen damit bepinseln, auf ein mit Backpapier belegtes Blech legen und 20–25 Minuten im Ofen backen.

Tipp:

Du kannst die Rechtecke auch mittig mit etwas Tomatenmark bestreichen, zum Rand dabei mindestens 1 ½–2 cm Abstand lassen, dann mit getrocknetem Oregano bestreuen, belegen und einrollen.

Als Belagvariante Schinken, Champignons und Mozzarella klein schneiden und vermischen. Dazu schmeckt Blatt-, Tomaten- oder Nudelsalat.

Pizzahörnchen Elsass

FÜR 12 STÜCK

ZUTATEN:

Teig:

Pizzateig – einfaches Grundrezept mit 200 g Mehl, siehe S. 11

Füllung:

1 kleine Lauchzwiebel oder ½ kleine Zwiebel
70 g Crème fraîche oder Schmand
20 g Katenschinkenwürfel
2–3 EL geriebener Mozzarella
Salz, Pfeffer

Bestreichen/Bestreuen:

1 Eigelb
1 TL Sesamsamen

Mehl für die Arbeitsfläche

1. Pizzateig zubereiten (siehe S. 10) und ca. 1 Stunde abgedeckt an einem warmen Ort gehen lassen.
2. Lauchzwiebel waschen, putzen und in feine Röllchen schneiden.
3. Crème fraîche, Schinkenwürfel, Lauchzwiebel und Mozzarella in einer Schüssel vermischen und mit Salz und Pfeffer abschmecken.
4. Backofen auf 200 °C Ober-/Unterhitze vorheizen.
5. Den Hefeteig zu einer Kugel formen und auf der bemehlten Arbeitsfläche dünn zu einem Kreis mit Ø 33–35 cm ausrollen.
6. Den Kreis in 12 gleichmäßige Dreiecke schneiden.
7. Auf der breiten Seite eines Dreiecks mit etwa 2 cm Abstand zum Rand 1–2 TL Füllung auftragen. Teig von dieser Seite aus eng nach innen aufrollen. Die Spitze des Dreiecks gut an das Hörnchen andrücken und auch die spitzen Enden evtl. noch etwas festdrücken, damit keine Füllung ausläuft.
8. Hörnchen auf ein mit Backpapier ausgelegtes Backblech legen. Mit den restlichen Dreiecken ebenso verfahren.
9. Eigelb in einer Tasse verquirlen und die Hörnchen damit bestreichen. Mit Sesamsamen bestreuen.
10. Blech in den Ofen schieben und Hörnchen 12–15 Minuten backen.

Tipp:

Als Füllung eignet sich auch pro Hörnchen: 1 TL Tomatensoße, 1 Mini-Mozzarellakugel, halbiert, 1 gehacktes Basilikumblatt oder 1 TL Tomatensoße, 1 in Scheiben geschnittene Mini-Salami, 1 TL geriebener Mozzarella.

Tortano – Gefüllter Pizzakranz

FÜR 6–8 PORTIONEN

ZUTATEN:

Teig:

Pizzateig – einfaches Grundrezept mit 400 g Mehl (mit Weizenmehl Type 550 anstatt Type 405), siehe S. 11

Füllung:

1 rote Paprikaschote
300 g Zucchini
1 Zwiebel
2 Knoblauchzehen
125 g Mozzarella
150 g Edamer oder Emmentaler
2 EL Öl, z. B. Olivenöl
2 TL getrocknete italienische Kräuter oder 1 EL frisch gehackte Kräuter, z. B. Oregano, Rosmarin, Thymian etc.
Salz, Pfeffer
200 g gekochter Schinken in Scheiben

Bestreichen/Bestreuen:

1–2 EL Butter oder Olivenöl
1–2 EL fein gesiebtes Mehl

Mehl für die Arbeitsfläche

1. Pizzateig zubereiten (siehe S. 10) und ca. 1 Stunde abgedeckt an einem warmen Ort gehen lassen.
2. Gemüse waschen und putzen. Paprikaschote klein würfeln. Zucchini der Länge nach halbieren und dann in Scheiben schneiden.
3. Zwiebel und Knoblauch abziehen und fein würfeln.
4. Mozzarella gut abtropfen lassen und in kleine Würfel schneiden. Edamer raspeln.
5. Öl in einer Pfanne erhitzen und Zwiebel und Paprika darin ca. 4 Minuten anbraten. Dann Zucchini und Knoblauch hinzufügen und ca. 3 Minuten mitdünsten. Mit Kräutern, Salz und Pfeffer würzen. Pfanne vom Herd nehmen und Füllung abkühlen lassen.
6. Backofen auf 220 °C Ober-/Unterhitze vorheizen.
7. Hefeteig aus der Schüssel nehmen und auf der bemehlten Arbeitsfläche kurz durchkneten. Dann zu einem dünnen Rechteck (ca. 30 × 60 cm) ausrollen.
8. Den ausgerollten Teig mit Schinken belegen, dabei an den Längsseiten einen 2 cm breiten Rand frei lassen.
9. Das abgekühlte Gemüse auf dem Schinken verteilen, anschließend den Käse darüberstreuen. Die unbelegten Teigränder mit etwas Wasser bestreichen.
10. Den Teig von einer Längsseite aus aufrollen und am Ende fest zusammendrücken.
11. Rolle mit der Nahtseite nach unten auf ein mit Backpapier belegtes Backblech legen und zu einem runden Kranz formen.
12. Butter in einem Topf schmelzen und Pizzakranz damit bestreichen und mit etwas Mehl bestäuben.
13. Blech in den Backofen schieben und Kranz 30–35 Minuten backen.

Tipp:

Den gefüllten Pizzakranz mit einem Quark-Dip servieren, dazu 500 g Magerquark, 1 Handvoll frisch gehackte Kräuter, 1–2 EL Mineralwasser, Salz und Pfeffer vermischen.

Auch lecker mit Hackfleischfüllung: 500 g Hackfleisch, 1 klein gehackte Zwiebel, 400 g stückige Tomaten aus der Dose, Salz, Pfeffer, 2 TL getrockneter Oregano und 125 g gewürfelter Mozzarella.

Pizza Pot Pie

FÜR 2 PORTIONEN

ZUTATEN:

Teig:

Pizzateig – einfaches Grundrezept mit 200 g Mehl, siehe S. 11

Füllung für 1 Portion:

100 g Schinken
50 g Salami
2–3 frische Champignons
2 eingelegte Peperoni
1 entsteinte schwarze Olive (optional)
60 g geriebener Mozzarella
2–3 EL Tomatensoße, siehe S. 9
Menge der Füllung für 2 Portionen verdoppeln oder die 2. Portion anders füllen, siehe unten

Bestreichen:

1 Ei
1 EL Milch

ofenfeste Schüssel oder Form, z. B. 17,6 × 8 cm/ca. 0,95 l
Öl für die Form
Mehl für die Arbeitsfläche

1. Pizzateig zubereiten (siehe S. 10) und ca. 1 Stunde abgedeckt an einem warmen Ort gehen lassen.
2. Backofen auf 180 °C Umluft vorheizen.
3. Schinken und Salami in Stücke schneiden.
4. Champignons putzen und erst in Scheiben schneiden, dann evtl. noch kleiner schneiden.
5. Peperoni und Olive, sofern verwendet, ebenfalls klein schneiden.
6. Schüssel innen und etwas über den Rand hinaus einfetten. Dann Olive, Peperoni, Champignons, Salami, Schinken, Mozzarella und zuletzt Tomatensoße einfüllen.
7. Teig halbieren und jeweils zu einer Kugel formen. 1 Teigkugel auf der bemehlten Arbeitsfläche zu einem Kreis ausrollen (der Kreis sollte mindestens 3 cm vom Durchmesser größer sein als die Schüssel) und vorsichtig über die Schüssel legen. Den Schüsselrand überlappenden Teig außen an der Schüssel etwas andrücken.
8. Ei und Milch in einer Tasse verquirlen und den Teig damit bestreichen.
9. Schüssel in den Ofen stellen und Teig 10–12 Minuten backen, bis er leicht gebräunt ist.
10. Nach dem Backen Teig etwas abkühlen lassen, dann die Schüssel vorsichtig auf einen Teller stürzen.
11. Mit der restlichen Teigkugel ebenso verfahren und die Füllung nach Belieben variieren.

Varianten für 1 Portion Füllung:

Hawaii: 150–200 g Schinken in Scheiben, 1 Scheibe Ananas, klein geschnitten, 60 g geriebener Mozzarella, 2–3 EL Tomatensoße, siehe S. 9

Capricciosa: 120 g Schinken in Scheiben, 2 Champignons in Scheiben, 3–4 klein geschnittene Artischockenherzen, 1–2 entsteinte schwarze Oliven in Scheiben, 60 g geriebener Mozzarella, 2–3 EL Tomatensoße, siehe S. 9

Tonno e Cipolla: ½–1 Dose abgetropfter Thunfisch, 1 kleine Zwiebel in Scheiben, 60 g geriebener Mozzarella, 2–3 EL Tomatensoße, siehe S. 9

Tipp:

Wichtig ist, dass die Schüssel gut gefüllt ist, bei Bedarf noch etwas mehr Füllung hinzufügen.

Statt der Tomatensoße gehackte Tomaten aus der Dose mit ½ TL getrocknetem Oregano vermischen.

Pizzadilla

FÜR 1 PORTION

ZUTATEN:

- 1 großer Tortillafladen, z. B. aus Weizenmehl
- 25 g Frischkäse
- 25 g grünes Pesto
- ½ TL italienische Kräuter oder Pizzagewürz
- 20 g geriebener Mozzarella oder Pizzakäse
- 60 g geräucherter Lachs
- 45 g rote Paprikaschote
- 35 g Babyspinat
- 1 TL Öl, z. B. Rapsöl

1. Tortillafladen mit Frischkäse und Pesto bestreichen. Dann mit Kräutern und Käse bestreuen.
2. Eine Hälfte mit Lachs belegen.
3. Paprikaschote waschen, putzen, in Streifen schneiden und auf den Lachs legen.
4. Babyspinat verlesen, waschen, mit Küchenpapier trocken tupfen und auf der Paprika verteilen.
5. Die unbelegte Hälfte des Tortillafladens über die belegte Hälfte klappen.
6. Öl in einer Pfanne bei mittlerer Temperatur erhitzen und Pizzadilla darin von beiden Seiten goldbraun anbraten. Danach in 3 Dreiecke schneiden und servieren.

Tipp:

Leckere Variante: Fladen mit 1–2 EL Tomatensoße (siehe S. 5) bestreichen, mit Schinken, Salami und 1–2 EL Mais belegen und mit 3–4 EL geriebenem Mozzarella bestreuen.

Wer einen Paninigrill besitzt, kann die Pizzadilla auch darin kurz grillen, anstatt sie in der Pfanne anzubraten.

Wer einen Paninigrill besitzt, kann die Pizzadilla auch darin kurz grillen, anstatt sie in der Pfanne anzubraten.

Pfannen-Pizza – Pizza Salmone

FÜR 1–2 PORTIONEN

ZUTATEN:

- 4–5 EL Mehl, z. B. Weizenmehl Type 405 oder Dinkelmehl Type 630
- 3 EL Naturjoghurt
- 1 TL Backpulver
- 1 TL Öl, z. B. Rapsöl
- 2–3 EL passierte Tomaten aus der Dose
- Salz, Pfeffer
- 1 Prise getrocknete italienische Kräuter
- 50 g geriebener Mozzarella
- 1 Handvoll Rucola
- 100 g Räucherlachs

Pfanne mit Ø 26 cm
Öl für die Hände

1. Mehl in einer Schüssel mit Joghurt und Backpulver vermischen.
2. Die Pfanne mit Öl einfetten.
3. Den Teig mit leicht geölten Händen zu einer runden Pizza formen und in die Pfanne drücken.
4. Nun die passierten Tomaten in einer Schüssel mit Salz, Pfeffer und italienischen Kräutern verrühren und Soße auf dem Teig verteilen.
5. Mit Mozzarella bestreuen
6. Einen Deckel aufsetzen und Pizza bei mittlerer Hitze ca. 15 Minuten auf dem Herd backen.
7. Währenddessen Rucola verlesen, waschen und mit Küchenpapier trocken tupfen.
8. Räucherlachs evtl. kleiner schneiden, z. B. in Streifen.
9. Nach dem Backen Pizza mit Räucherlachs und Rucola belegen.

Tassen-Pizza

FÜR 1 PORTION

ZUTATEN:

- 4 EL Mehl, z. B. Weizenmehl Type 405
- ½ TL Backpulver
- 1 TL Natron
- 1 Prise Salz
- 4 EL Milch
- 1 EL Olivenöl
- 1 EL Tomatenmark
- 1–2 EL geriebener Mozzarella
- ½ TL getrocknete italienische Kräuter
- 1 Mini-Salami

1 mikrowellengeeignete Tasse

1. Mehl, Backpulver, Natron und Salz in einer mikrowellengeeigneten Tasse vermischen.
2. Milch und Olivenöl hinzufügen und verrühren.
3. Tomatenmark auf den Teig geben.
4. Mozzarella darauf verteilen und mit Kräutern bestreuen.
5. Mini-Salami in Scheiben schneiden und auf den Mozzarella legen.
6. Pizza in der Mikrowelle bei 900 Watt 80–100 Sekunden backen, bis der Teig aufgeht und der Belag Blasen wirft.

Tipp:

Tassen-Pizza kann man auch im Backofen zubereiten. Dazu am besten mehrere ofentaugliche Tassen oder auch Einweckgläser vorbereiten und bei 180 °C Umluft 15–20 Minuten im Ofen backen. Per Stäbchenprobe überprüfen, ob der Teig schon durchgegart ist, ansonsten einfach noch ein paar Minuten länger im Ofen lassen.

Leckere Varianten: mit Schinken, Oliven, Kapern und Mozzarella oder mit ein paar bunten Paprikawürfeln und Mozzarella.

Pizzawaffeln

FÜR 3 GANZE BZW. 6 HALBE STÜCK

ZUTATEN:

Teig:

Pizzateig – einfaches Grundrezept mit 300 g Mehl, siehe S. 11

Belag:

200 g Tomatensoße, siehe S. 9

125 g Mozzarella

12 Scheiben Salami

3 große Scheiben Schinken

Mehl für die Arbeitsfläche

Ausstecher/Glas/Schüssel Ø 16 cm

belgisches Waffeleisen

Öl für das Waffeleisen

1. Pizzateig zubereiten (siehe S. 10) und ca. 1 Stunde abgedeckt an einem warmen Ort gehen lassen.
2. Tomatensoße (siehe S. 9) zubereiten.
3. Nach der Ruhezeit Teig auf der bemehlten Arbeitsfläche dünn ausrollen und 6 Kreise mit ca. Ø 16 cm ausstechen. Alternativ Teig in 6 etwa gleich große Portionen teilen, jeweils zu Kugeln formen und zu Kreisen mit Ø 16 cm ausrollen.
4. Mozzarella gut abtropfen lassen, dann in Scheiben schneiden.
5. 1 Teigkreis mit 2 EL Tomatensoße bestreichen, dabei einen etwa 1 cm breiten Rand frei lassen.
6. 4 Scheiben Salami, 1 Scheibe Schinken und ⅓ vom Mozzarella auf der Tomatensoße verteilen.
7. Frei gelassenen Rand mit etwas Wasser bepinseln und 1 weiteren Teigkreis als Deckel auflegen. Die Ränder gut verschließen. Dazu am besten etwas einrollen und festdrücken bzw. mit einer Gabel zusammendrücken.
8. Das Waffeleisen einfetten und den gefüllten Teigling über beide Backfelder legen, ohne dass der Teig reißt.
9. Dann in 3–4 Minuten goldbraun backen (variiert je nach Waffeleisen).
10. Mit den restlichen Teiglingen und Zutaten ebenso verfahren. Das Waffeleisen vor jedem Backvorgang gut einfetten.

Tipp:

Mit frisch gehackten Kräutern bestreuen und mit Kräuterquark oder Tomatensoße zum Dippen servieren.

Statt der Tomatensoße kannst du auch pürierte Tomaten aus der Dose mit 1 TL getrocknetem Oregano vermischen.

Die Füllung lässt sich beliebig variieren: zum Beispiel wie Pizza Margherita mit jeweils 1 Kirschtomate und geriebenem Mozzarella oder mit Thunfisch, Zwiebeln und Mozzarella.

Über die Autorin

Veronika Pichl ist Autorin zahlreicher Kochbücher und Ratgeber. Mit ihren Büchern und ihrem Blog-Magazin »HappyFitFood – Gesunde Ernährung mit Fun-Faktor« möchte sie ihre Leser zu einem gesünderen und glücklicheren Leben inspirieren. Im riva Verlag sind bereits viele erfolgreiche Bücher von ihr erschienen. Sie lebt mit ihrem Mann und ihren beiden Kindern im schönen Mittelfranken.

Mehr Infos zur Autorin und ihren Büchern findest du auf **www.veronikapichl.de**.
Im Blog-Magazin von Veronika Pichl auf **www.happyfitfood.de** erscheinen regelmäßig leckere Rezepte, Meal-Prep und Lunchbox-Ideen. Außerdem gibt es wissenswerte Beiträge, um mehr Bewegung in den Alltag zu bringen und Kilos zu verlieren, aber auch Tipps, um seine Ziele zu erreichen – für eine nachhaltige Lebensweise und mehr Zufriedenheit im Leben.

Zutatenregister

R

S

T

W

Z

Bibliografische Information der Deutschen Nationalbibliothek
Die Deutsche Nationalbibliothek verzeichnet diese Publikation in der Deutschen Nationalbibliografie. Detaillierte bibliografische Daten sind im Internet über https://dnb.de abrufbar.

Für Fragen und Anregungen
info@rivaverlag.de

Wichtiger Hinweis
Ausschließlich zum Zweck der besseren Lesbarkeit wurde auf eine genderspezifische Schreibweise sowie eine Mehrfachbezeichnung verzichtet. Alle personenbezogenen Bezeichnungen sind somit geschlechtsneutral zu verstehen.

Originalausgabe
1. Auflage 2023

Türkenstraße 89
80799 München
Tel.: 089 651285-0
Fax: 089 652096

Redaktion: Caroline Kazianka
Umschlaggestaltung: Isabella Dorsch
Umschlagabbildungen und Abbildungen Innenteil: PHOTOART Food- und Werbefotografie GmbH, S. 4: Shutterstock.com: Lyudmila Zavyalova
Satz und Layout: inpunkt[w]o, Haiger (www.inpunktwo.de)
Druck: Firmengruppe APPL, aprinta Druck, Wemding
Printed in Germany

ISBN Print 978-3-7423-2272-2
ISBN E-Book (PDF) 978-3-7453-2070-1
ISBN E-Book (EPUB, Mobi) 978-3-7453-2071-8